人生100年時代を生き抜く
5リテラシー

FIVE BUSINESS LITERACY

世界の経営者が知っている成功への指針

近藤 章
石田 正 著

池口 祥司 編著

Financial Literacy

International Exchange Literacy

ICT Literacy

Accounting Literacy

Tax Literacy

生産性出版

PROLOGUE

時代の節目に露呈した日本の危機

コロナ後の仕事・人生のあり方

2020年はじめ、中国・武漢で発生した新型コロナウイルスは、日本社会が戦前から維持してきた社会組織の問題点を浮き彫りにして、その抜本的な解決が待ったなしの状況となっています。課題はそれだけではありません。京都議定書以後の気候変動問題への対応の遅れから、この大変な時期に過大ともいえる温暖化ガス削減目標を世界に向けて公約しなければならないという事態になっています。

企業の成長、日本経済の成長という戦後一貫して追求してきた目標を犠牲にしても、温暖化ガス削減を優先しなくてはならないのかもしれません。そうなると、少子高齢化が進む中で経済目標を転換するということになり、日本の社会経済体制の大転換（パラダイム・シフト）になります。そんな予感があってか、若い世代によく読まれているのが『人新世《ひとしんせい》の「資本論」』（斎藤幸平著）です。

日本はこのような大きな転換点を何度も経験して、そのたびに克服してきました。１５０年ほど前の明治維新前後の大転換。75年前の敗戦後の大転換。そして、今回もこれに匹敵する大きな転換点になる予感がします。戦後75年ほどをみても、その間にさまざまな屈折点がありました。わたくしたち（近藤・石田）が直接経験した１９７０年代以降にも、ニクソンショック、オイルショック、ボルカーショックから、最近のリーマンショックまで枚挙にいとまがありません。

このような状況下で、わたくしたちの脳裏をよぎるのは30年ほど前の１９９０年頃。バブル崩壊前後の日本のことです。バブル崩壊の前と後でビジネス環境は大きく変わりましたが、実はその予兆はもともと存在していました。バブル崩壊によってこれが一気に表面化して、しかもその対応に長い時間がかかりました。コロナ禍によって発生している諸課題も、突如出現したわけでなく前から存在していた、といえます。本来、バブル崩壊の時点で解決しておかなければならなかったことが、ここにきて噴出したといえるのではないでしょうか。過ちは繰り返してはいけません。日本に残された時間は限られているからです。

平成のはじめ（バブル崩壊）のとき、わたくしたちはすでにシニアマネージャーとして日々、ビジネスに起こる予想を超える変化について、現場で取捨選択をして決定をし、指示する立場にありました。そして、平成という長期停滞の時代をマネジメントの一員として、公私両面で戦ってきました。こうしたわたくしたちの経験と反省は「食い逃げの世代[1]」の繰りごとと、いわれるかもしれません。しかし、これから大変な時代を担われる皆さんのビジネス戦略や人生設計にとって、何らかのお役に立つのではないかと考え、書籍にまとめることにしました。

雇用問題とキャリアパス

バブル崩壊で大きく変わったことの1つに「雇用」があります。たとえば、いわゆる就職氷河期世代は、他の世代に比べて今も所得が低いことが社会的な問題になっています。今回も、すでに数多くの企業が存続の危機に立たされ、人件費削減のため新規採用の削減まで行われ、就職難時代の到来ともいえる状況となっています。一方、IT技術者のように人材難のいわゆる高度技能職種もあります。

また、少子化の進行にともなって絶対的に就労者が不足して移民に頼らざるをえない農林水産業や土木建設業、老人介護などのエッセンシャルワーカーといった職種もあります。人余りと人手不足の仕事があることからわかるように、雇用のミスマッチが拡大するなか、すでに実験的な移民導入が静かに（本格的な制度設計がなく、なし崩し的に）進行しています。そろそろすべての利害関係者の顔を立てる「建前と本音の使い分け」方式、つまり、問題を根本から見直さず、表面的に対応してやりすごそうとする、ことなかれ主義からサヨナラすべきではないでしょうか。

1945年、敗戦の年直前に生まれたわたくしたちが、小学校から大学生までの1955～1973年頃は、世界第5位の人口を背景にした高度成長の時代でした。その後社会人になり、バブルが崩壊する1991年までは安定成長の時代で、日本の国力が世界中で認められ、やがて警戒されるようになった時代でした。

この時期、日本企業の雇用体系は、終身雇用と年功序列、そして55歳定年制でした。それを前提に組み立てられたビジネスモデルだったのです。個人（被雇用者）は身も心も企業（雇用者）にゆだね、企業は定年まで面倒を見ることが前提になっていました。そして成長が続いている間は個人と企業の利害が一致しており、一時期、世界を席巻する日本企業の強さのプラットフォームでもありました。

しかし、バブルが崩壊した1991年、日本の企業社会は変化を迫られることになります。バブル期に大量に人材を採用した企業はその後、新規採用を大幅に削減しました。就職氷河期の到来です。日本経済の低迷、企業が成長し、拡大し続けるという前提に限界が見えたことで、すべての従業員の面倒を見る余裕がなくなったのです。

2000年代に入ると、企業は正規社員の代わりに非正規社員を増やすという方針転換をしました。すなわち人件費を固定費から変動費に変えることでコストの抑制をはかり、売上が伸びない分を直接、人件費の削減で辻褄をあわせることになったのです。基本的なビジネスモデルである終身雇用制を変えることなくバブルの後始末をし、乗り切れると思ったことが大きな間違いをもたらしました。

しかも、日本企業全体としては正規雇用を圧縮して捻出した利益を再投資に回さず、ひたすら内部留保としてため込んできたのです。こうした結果として失われた（あるいは失った）20年、30年という長期低迷の時代に入り、抜け出せなくなってしまいました。やがて経済規模では世界2位から3位へ後退し、人口では世界のトップ10位から転落。今後もランキングを下げていくことは、ほぼ確実です。

その間、2人は何度も転職を重ねてきました。今では当たり前かもしれませんが、当時の伝統的なビジネスパーソンから見れば、異端のキャリアパスを辿ってきました。「日本企業を支えたビジネスパーソンに欠けていたものは何だったのだろうか」ということを少し醒めた目で見てきたかもしれません。そんな体験をしながらみてきたことと、バブル崩壊後、日本は何を間違えてしまったのかを冷静に振り返りながら、令和の時代を支える皆さんの参考に供する責任があると考えます。

5つのリテラシーを磨き、組織にとって不可欠な人となれ

令和を支える皆さんは、どうしたらわたくしたちの世代の失敗を繰り返さないですむのでしょうか。具体的には変革期に求められる人材になるには、どうすればいいのでしょう。

個々人がその突破口を探し、チャレンジし、実力を身につけて行動する以外にありません。まず、組織内で生き残る。あるいは組織の外に出てもやっていけるという実力が求められます。そうなるための必要条件を私たちは「5つのリテラシー」にまとめました。リテラシーは原義では、「読解記述力」ということです。ビジネスでは、「物事を適切に理解・解釈・分析し、改めて記述・表現する」ということになります。

〈5つのリテラシー〉

① 投資知識（Financial Literacy）
② 国際コミュニケーション能力（International Exchange Literacy）
③ 情報通信技術知識（ICT Literacy）
④ 会計知識（Accounting Literacy）
⑤ 税務知識（Tax Literacy）

こうした視点というのは、ビジネス書でもあまり語られることがありませんが、欧米のビジネスパーソンと比較して日本のビジネスパーソンに大きく欠落している基礎知識が、この5つであることは、グローバルに金融、企業会計畑を歩んできたわたくしたちの見解が一致するところです。これらのリテラシーに欠けるということは、国際的な企業・組織のリーダーとして致命的な欠陥です。NPO法人の責任者にとっても同じことです。日本での運動を世界に展開するには、不可欠の知識です。

言葉を選ばずにいえば、気合いと勘で生き残れる時代は終わったということです。経営判断は数字がすべてです。政治的な判断も損得の計算（数字）が前提です。世論調査の分析、選挙区内の人流の分析、さらには位置情報を使ったネット広報まで、ソロバンが合うかどうかで決まります。数字にできない義理と人情の組織運営で、うまくいく時代ではありません。

「数値」はビジネスをジャッジメントする力強いサポーター

本書で伝えたいことの1つは、製造の現場であろうと営業部門であろうと、誰もが「数字」から逃れられないという事実です。同時に、財務諸表のようにルールに則ってつくられた「数値」は、さまざまな判断をするときの力強いサポーターとなってくれるということです。もし、数字のことは「財務経理部門に任せておけばよい」と考えているなら、「そろそろ責任逃れをやめませんか？」というのが、わたくしたちからの提案です。そして数字はウソをつきます。あるいは数字にウソをつかせる人間もいます。そういったウソを見抜くのも、数字リテラシーの力です。

これから日本企業を背負っていく、特に1971～1974年に生まれた「団塊ジュニア」と呼ばれ、企業経営の中枢にいる方、あるいはこれからの若い世代の方々にとって、投資知識、国際コミュニケーション能力に加え、最低限のＩＣＴ、会計、および税務リテラシーを身につけることは必要条件となります。

なお、数字になじんでいただくため、確定申告が不要の給与所得者にも、「自分の家計を見なし法人化し、確定申告を通して分析する方法」も収録しておきましたので、これを機会にぜひ勉強されることをおすすめします。数字ベースの土台があれば、あとはこのグローバル時代に不可欠な国際コミュニケーション能力などが活きてきます。

また、「５つのリテラシー」を修得したうえで仕事に向き合うことは、高度・安定成長期のビジネスパーソンのように、企業という組織に身を預けて生きていかざるをえなかった受動的な（いわゆる「社畜」の）立場から皆さんを解放することになります。

常に自分の立ち位置と将来の方向性を確認しつつ、自分自身を磨き、切り開いていくためのベースになります。そのうえでどこにフォーカスを当て、どのようなビジネス戦略を構築するかは人それぞれですが、「ここだけは他の人には負けない」という分野をつくり、磨きをかけ、アップデートしておくことが重要です。そのプラットフォームとなるのが「５つのリテラシー」なのです。他の会社から「あの会社にはＡさんがいる。ぜひ、わが社に来てもらいたい」と、いわれるようになっていただけることを願って止みません。

そうすれば、企業という大きな組織と個人が同じ目線でつきあうことができるようになり、組織に属している、いないにかかわらず、自分らしいスタンスで価値が生まれ、発言もできます。結果として、個人と組織の間で健全な緊張感を生み、個人の成長はもちろん、生活習慣病になりつつある日本企業、そして日本経済を立て直せることになると確信しています。

なお、本書ではこれらの「5つのリテラシー」と同時に、多くのビジネスパーソンが働く、日本企業（組織）が抱える構造的な問題も取り上げています。日本企業はバブル後の失われた30年間に世界の環境変化についていけませんでした。トップマネジメントの意識はもちろん、中間管理職の知識・経験も陳腐化してしまいました。個々人が消極的になり、心のどこかで過去の成長期の成功体験が今後も続くと勘違いしていたのです。

結果的にわたくしたちの世代は「失われた30年間」の責任の一端を担ってしまい、結果責任を認めざるをえなくなりました。高度・安定成長時代は「組織あっての個人」でやってきましたが、日本経済は成熟し、日本企業はグローバル化の中で成長し、生き残っていくしかありません。今後は個々人の集合体が組織を構成するという発想の転換が必要です。

これから多難の時代を生きる方々に、十分な遺産を残すことができなかったという自責の念に駆られつつ、わたくしたちが経験してきた「日本企業が抱えている組織の硬直化、間接部門生産性の低さ、企業の維持発展に必要不可欠なコーポレート・ガバナンスやダイバシティの問題についても言及しました。

ぜひ、参考にしてください。皆さんがどれだけビジネスリテラシーを磨いても、それを十二分に発揮すべき組織のインフラという土俵が整備されていなければ、無意味だからです。

なお、混乱をさけるため各CHAPTERのテーマに関連する、覚えておきたい基礎知識を「コラム」として挿入してありますので、あわせて読んでください。

わたくしたちは縁あって若い頃に出会い、なおそれぞれがFood&Life Companies（スシロー）、カルビーの社外取締役、監査役として企業社会とのかかわりをもっています。具体的には、会社が法令を守り、企業価値を高めるように努力しているか、コーポレート・ガバナンスの実現のために経営助言をする立場にあります。そんな経験も踏まえて、順番に「5つのリテラシー」について語っていきます。

さあ、早速はじめることにしましょう。

2021年10月 吉日

近藤　章

石田　正

NOTE

注(1)「食い逃げ世代」

大変、下品な表現をしてしまいましたが、団塊の世代とその前の世代は、わが国の年金や充実した医療保険制度の恩恵を受けて天寿を全うする世代です。しかし、その負担は次の世代が担うことになります。戦後、日本の成長期に働いた世代ですが、税金や保険料の負担額が今までに受け取り、今後も受け取る額を上回る世代になります。

社会福祉費の増加で国債残高は増加の一途を辿っていて、これは後世に現役世代が返済しなければなりません。最近ではコロナ禍による国庫負担が膨らみ、さらに気候変動リスク対策に必要な費用も加わります。ツケを現役世代に回して去っていく世代であることが、「食い逃げ世代」といわれる所以《ゆえん》です。

CONTENTS

人生100年時代を生き抜く5リテラシー

PROLOGUE

時代の節目に露呈した日本の危機

CHAPTER 01

仕事・人生を俯瞰する力を身につける

投資リテラシーで時代の先読みセンスを養う

CHAPTER 02

日本が世界と互角に戦うために必要なこと

コミュニケーションリテラシーを高め、俯瞰力を養う

CHAPTER 03

なぜ、経理部門でない人が会計を学ぶのか

会計リテラシーで論理的思考力を養う

CHAPTER 04

管理会計をベースに経営戦略を考える

管理会計の意味を再確認し、財務リテラシー感覚を養う

CHAPTER 05

企業経営の視点から税金を考える

税務リテラシーを磨き、経営判断力の幅を養う

CHAPTER 06

あなたの組織はリスクへの盤石な備えはあるか

コーポレート・ガバナンス体制を維持できる眼を養う

EPILOGUE

日本はどこへ向かっていくべきか？

筆をおくにあたって

CHAPTER 01

仕事・人生を俯瞰する力を身につける

投資リテラシーで時代の先読みセンスを養う

人生100年、いつまで働くのか

わたくしたちは団塊世代直前の戦中派ですが、転職を重ねたという点でいえば、同年代では少数派だと思います。共著者の石田さんは監査法人に入社後、6年間のロンドン駐在が終わるとき、定年を待たずに52歳で公認会計士の世界から事業会社、日本マクドナルドのCFO（最高財務責任者）に転職。セガサミーホールディングスのCFOを経て、今はカルビーの監査役の任にあります。

そして、わたくし（近藤）は当時の定年55歳まで住友銀行に勤め、その後ソニー、AIG、富士火災、国際協力銀行と転職を重ねています。定年まで同じ会社にいたのも偶然の結果だったように思えます。若いときから転職を常に念頭に置いて仕事をしてきました。これをやらせてもらえないなら、辞めて違う道に進もうという覚悟とその用意もありました。これは、若い経営者の方々のお手伝いをしている今も、変わりはありません。

しかし、時代は変わりました。人生100年時代は間違いなく、一生同じ会社で勤め上げる人の数が減り、わたくしのように定年後には、会社のお世話にならず、自分の道を歩む人が大多数になるでしょう。一方、ビジネスパーソンとは違ったリスクがあるとはいえ、農水産業従事者、家族経営（ファミリービジネス）の企業関係者、職人の方などは、後継者問題を除けば、転職を余儀なくされるリスクは少なく、その分、人生・家計の長期プランは立てやすいともいえます。

いずれにしても、これからの時代のキーワードは、「働き方改革」と「雇用の流動化」です。背景には、労働人口の減少と世界的にみて低い日本の労働生産性の問題がありますが、これは〝日本株式会社〟全体のマクロの問題です。もちろん、家計に直結しますから、ミクロの問題にも大きな影響を与えます。「高齢者の就労促進」という政策は、欧米諸国では素直に受け止められないと思います。しかし、人生100年時代にいち早く突入する日本では、不思議と「高齢者も働くのは当然」という受け止め方が大半のようです。

人生100年、そのうち65歳まで40年あまり働くのか、75歳まで50年以上働くのかというは、もはや誰もが直面する難題となったのです。団塊の世代までは人生・家計の設計が比較的簡単でした。定年まで勤めてローンを返して（子どもたちも巣立ったので）、退職金と年金で老後をゆったり過ごすもよし、余力があれば好きな仕事や社会貢献をするもよし、だったからです。

しかし、65歳定年まで勤められる方は年々減少し、定年前の転職を余儀なくされるケースが増え、生活のために「転職」を経験する時代になったのではないでしょうか。定年前も含めて「転職」を前提にキャリアを構築する時代になったということです。

ここで1つ、アメリカと日本人の「お金」と「仕事」への認識の違いについて触れたいと思います。わたくしは都合17年、ニューヨークに駐在していたこともあり、「日米のビジネスパーソンの考え方で一

図表1-1　離婚件数の年次推移

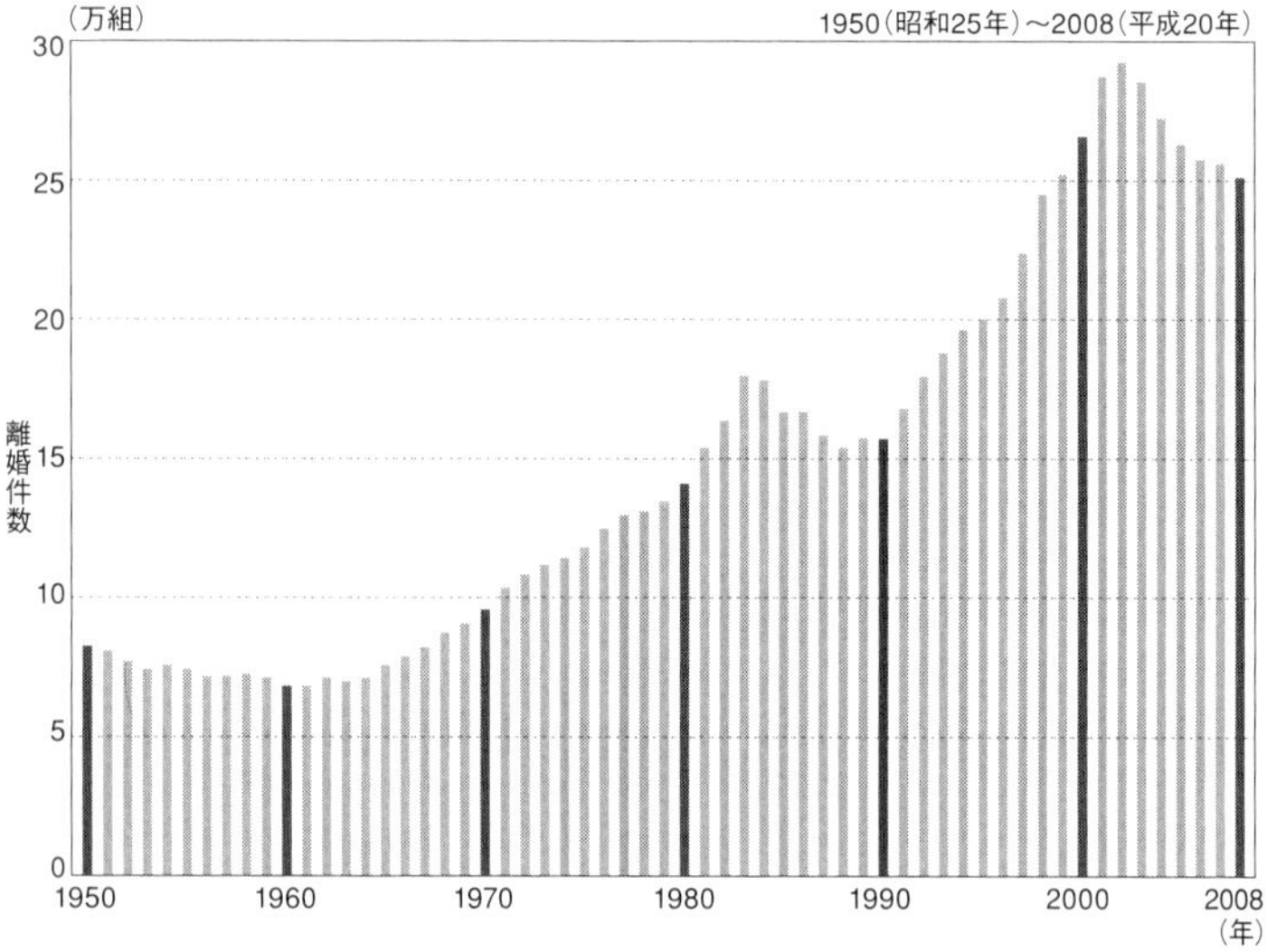

出典：厚生労働省「人口動態統計」より著者加工

番違うのは何か」という質問をされることが今でも頻繁にあります。

答えは相手によって何種類か用意していますが、まず日本の主婦の方には、「アメリカでは奥さんが財布を握っている家庭は少数派。共働きであればお財布が別々。旦那だけが働いている場合は、だいたい旦那が財布を握っています。一方、日本では給与が銀行に振り込まれるのが普通であり、夫だけが働いている場合も奥さんが財布を握っているのが多数派ではないでしょうか」と、答えるようにしています。

つまり、アメリカの夫婦は財布が別なので、生き方が変われば、いつでも別れられるということでしょうか。ある種の緊張関係が存在します。ですから、「ぬれ落ち葉離婚」という日本語を英語で説明するのには苦労しました。

また、ビジネスパーソンが相手のときには、「離婚率と転職率が日米ではまったく違います」と答えます。わたくしが働いたのはウォール街ですから、日米の差といっても金融界の話ですが、東京の大手町・丸の内とは全然違います。わたくしがウォール街で親しくさせてもらったカップルの3分の1は離婚経験者だったほどで、またそこで働く日本人の離婚率も非常に高かったと記憶しています。

アメリカでは転職のたびに年収が上がって、結果、若いときから一緒に家庭をもって子どもを育てた糟糠《そうこう》の妻と離婚して、若いパートナーと一緒になるというケースが少なからずあります。もちろん、日本的にいえば、とてつもない慰謝料を払ってのことですが……。高所得者の離婚率が高いのは世の常かもしれません。たとえば、芸能界は日米ともに離婚率が高いようですが、金融界については大きな差があったと思います。もっとも、東京の金融界でも外資系の離婚率は高そうです。

自己の価値をいかに高めていくか

アメリカで離婚率よりも高いのが転職率です。家族経営的な色彩が強かったゴールドマン・サックスでは、ここで一生勤めあげるパートナーが多く、ウォール街では例外的な存在でした。たとえば、スティーブン・ムニューシン前財務長官は親子2代でパートナーをつとめました。このような例は枚挙にいとまがありませんでしたが、2000年に株式を公開してからは、普通の金融機関のように転職を前提とした会社になったようです。

転職は、出世と昇給の証といったらわかりやすいでしょう。バンカーは常に「名札の下に値札」をつけています。プロ野球選手と同じで、実績を残したら「次のチャンス＝年俸アップ」があるのです。これは、何もトップ・プレーヤーだけの話ではありませんし、弁護士や公認会計士も同じです（アメリカには、数多くの社内弁護士や公認会計士がいます）。また、逆の転職もあるのです。家族的経営だったかつてのゴールドマン・サックスでも同職種で給与が同じ人たちの中で、評価が下の20％に関しては常に解雇の対象でした。そうしないと、同業他社との競争に勝てないからです。

おそらくシステムエンジニアの世界も同じで、一人ひとりが全身全霊を賭けて、1つのポジションを争います。これはいわば公開入札の世界。ミュージカル『フォーティセカンド・ストリート』の世界です。だからこそ、アメリカンドリームの世界があるのです。その反面、志半ばにして転職を余儀なくされ、昨日までディーラーだった人がタクシーの運転手をしているという話も聞きました。

一方、日本では社内の同期が全身全霊を賭けて社長の座を争う世界です。いわば、指名入札の世界です。競争は熾烈ですが、同時に敗者も終身雇用で守られます。結果はどうなるでしょう。

極端な表現でいえば、2割の指名入札参加者がモーレツに働いて、6割のまあまあ働く人たちが、2割の働かないグループを養うことになります。それが、旧来型の日本企業だったのです。年俸をかけた競争のあるなしが、労働生産性を左右するのは当然で、労働生産性アップを目的とした働き方改革であれば、当然の前提として雇用の流動化を必要とします。

このような文脈の中で家計、あるいは一個人にとって「転職」は大きなチャレンジになるのです。実は、わたくしがこのような話をするのには、大きく2つ意味があります。1つは人生100年時代に自分の価値をいかに高めるか。つまり、「生涯給与を極大化するか」という前向きな意味と、「予期せぬ転職と、定年後の転職にどう備えるか」という意味です。世代論的にいえば、前者は40代以前の世代に、後者は団塊ジュニアを含むそれ以降の世代へのアドバイスになります。

「食い逃げ世代」からの警告

「定年後のための転職についてどう考えるか」という話をしましたが、正確にいうと、これは「年金・保険食い逃げ世代」のことをいっています。団塊の世代以前の人たちは、その後の世代と財政が年金支給を支えてくれる世代のことです。この時代は大きく分けて、敗戦を前後にした戦中派（1935～1946年）と呼ばれる世代と、団塊世代と呼ばれ、戦後の第一次ベビーブーム（1947～1949年）に生まれた世代に区分できます。

たとえば、わたくしの大学の同級生たちが就職したのは、１９６７年（昭和42年）でした。55歳定年まで22～23年間、企業勤めをして役員になれなくても、支店長になり退職金をもらって、関係会社に天下りする。そこで還暦過ぎまで勤めたあとは退職金と年金で楽隠居というのが、率直なところのライフ・プランでした。当時の男性の平均寿命は70歳くらいでした。これがその頃の通り相場でした。

わたくしたちの世代は、江戸時代以降はじめてだったのではないかと思うほどに恵まれているのです。コメディアンのクレイジーキャッツの植木等（１９２６年生まれ）がビジネスパーソン（当時はサラリーマン）役を演じた映画『サラリーマンどんと節　気楽な稼業と来たもんだ』のようであり、若い人たちから「食い逃げ世代」といわれるのも無理もありません。

しかし、これからはそうはいきません。平均寿命が延びているため、90歳を超える確率が高くなり、退職金は年々減少していき、年金の将来も心配です。女性は平均寿命が長いので、さらに大変というのが、人生１００年時代の不安の実態ではないでしょうか。

今、40代後半から50代前半となっている団塊ジュニアは、１９９０年代半ばから２０００年代前半にかけての就職氷河期に大変な経験をした世代です。団塊世代とは違って、初任給は頭打ちで、経済成長のメリットがない代わりに、インフレもない時代が長く続き、気がつけば、日本の大企業の国際競争力も急速に失われていくというように、団塊世代である父母の時代とはまったく違う時代を生きています。

食い逃げできる親たちの世代を養うために、高い税金や保険料を払うのはまっぴらだと思うのも当然

図表1-2　新規学卒者の推移

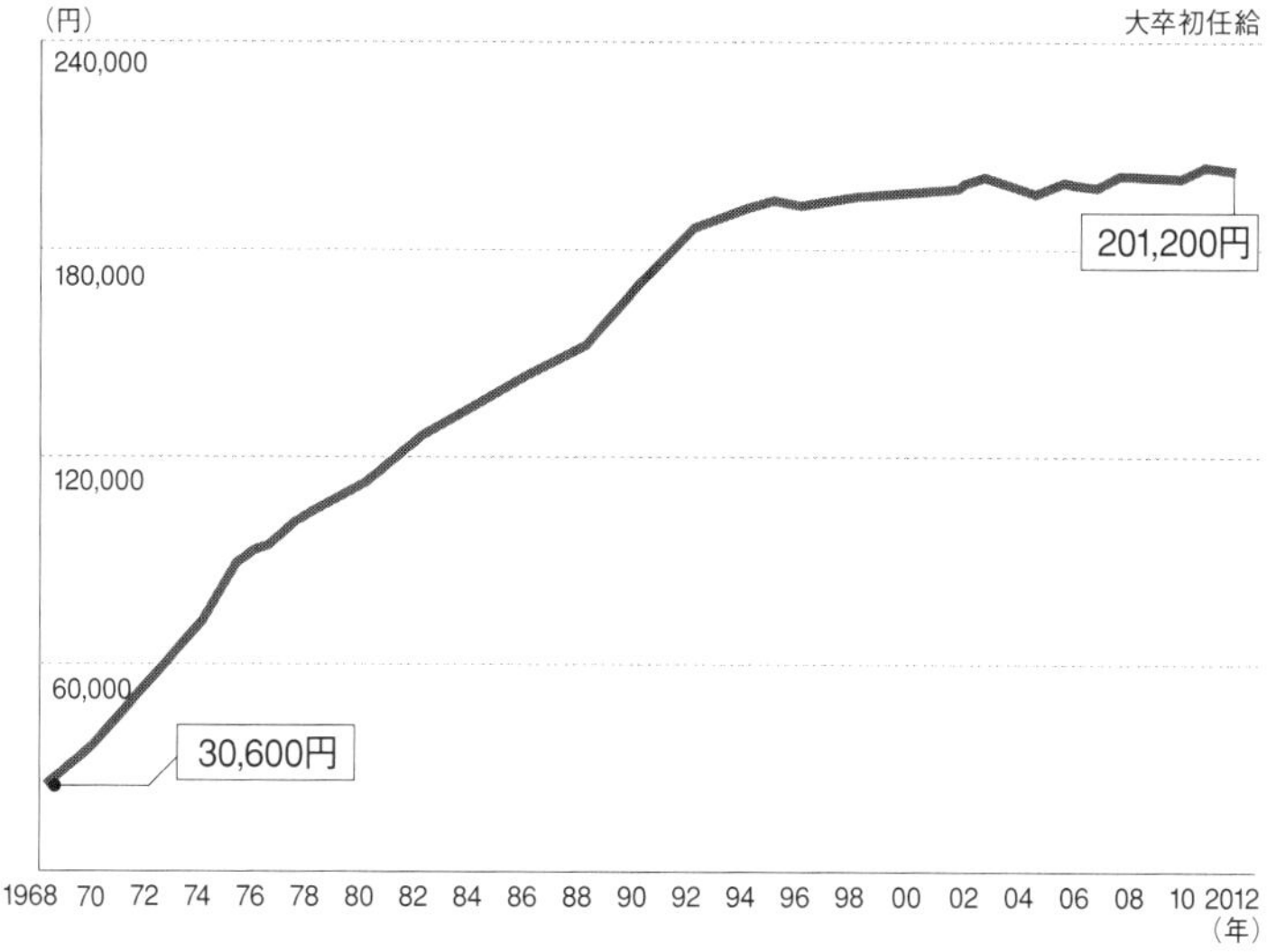

出典：厚生労働省賃金構造基本統計より著者加工

だと思います。老人の選挙権を制限すべきだという主張もあります。反対に食い逃げの親たちに依存して生活しようという考えに行き着く人もいるでしょう。

でも、さらに若いミレニアム世代、Z世代はこれからスタートラインに立つ世代です。令和時代以降に、この世代が直面する日本の問題は、さらに深刻になる可能性があります。団塊ジュニア以降の世代が失った令和の30年となる蓋然性（人口減少という避けられない不都合な真実を含め）が高いからです。

自分の名札の下に値札をつけよ

おじいさんたちの時代は、経済成長で頑張った。お父さんとお母さんの時代はジリ貧日本で苦労した。では、令和の時代はどうなるの？　という次の世代からの質問に答えなくてはいけないと思います。そこでまず、おじいさんの時代の話からはじめます。失敗を繰り返さないために聞いてください。

わたくしは日本のバブル景気からアジア金融危機の間（１９８５～１９９８年）、住友銀行のニューヨークに駐在していたため、同世代や団塊の世代の父兄がどんなに息子さんや娘さんの就職で苦労したかを肌感覚で知りません。その代わりに目の当たりにしたのは、１９８０年代末から１９９０年代にかけての「日本株式会社転落の歴史」です。この間、日本のリーダーは国のかじ取りを切り替える必要があるのではないかと、海外にいて危機意識をもって見ていましたが、結果的には失敗しました。

ソニーで団塊ジュニア直後の世代の入社式で挨拶をする機会があったのは、２００１年でした。前の年に住友銀行から転職して1年。お台場の大きな会場はいかにもソニーといった雰囲気でした。経理担当執行役専務として何をいおうかと考えていたのですが、とっさに次のようなことを述べたと記憶しています。

「入社おめでとうございます。これからの職業人としての人生が実り多いものであることを願ってやみません。わたくしは昨年、住友銀行からソニーへ転職してきました。ソニーはすばらしい企業だと思います。わたくしは前職で住友銀行に55歳まで勤めました。その間、銀行員人生の半分以上をニューヨーク・ウォール街で過ごしましたが、その経験から先輩としてアドバイスさせてください。会社に入ってから10年経ったら、今、皆さんがつけている名札（Name Tag）の下に値札（Price Tag）がつくよう努力してください」

このアドバイスについて、当時の新入社員からの反応は皆無でしたが、次の年には新入社員歓迎挨拶の依頼がなかったことを考えると、人事部では転職のすすめを新入生にするのか、と問題になったようです。

わたくしは転職直後から、出井伸之CEO（当時）さんをはじめとする経営陣に、「人気企業ナンバー1を10年も続けている企業は危ない。大樹の陰を求める学生ばかりが集まるから」と申し上げていたのです。

当時、ソニーは盛田昭夫さんの学歴無用論もあって、入社試験から面接に至るまで出身校を伏せて採用試験をしていましたが、わたくしが転職した年に法務部が採用した学生全員が東大法学部と聞いて、危惧の念を深めました。東大生はクイズに強いので、試験に強いのです。「東大法学部のトップはソニーには来ない。地方大学の法学部トップを採用したほうがよいのではないか」と、人事部長に話した覚えがあります。

わたくしが「10年経ったら名札の下に値札を」とアドバイスした2001年度の新入生は、ITバブ

図表1-3　ソニー株価推移（年末終値）

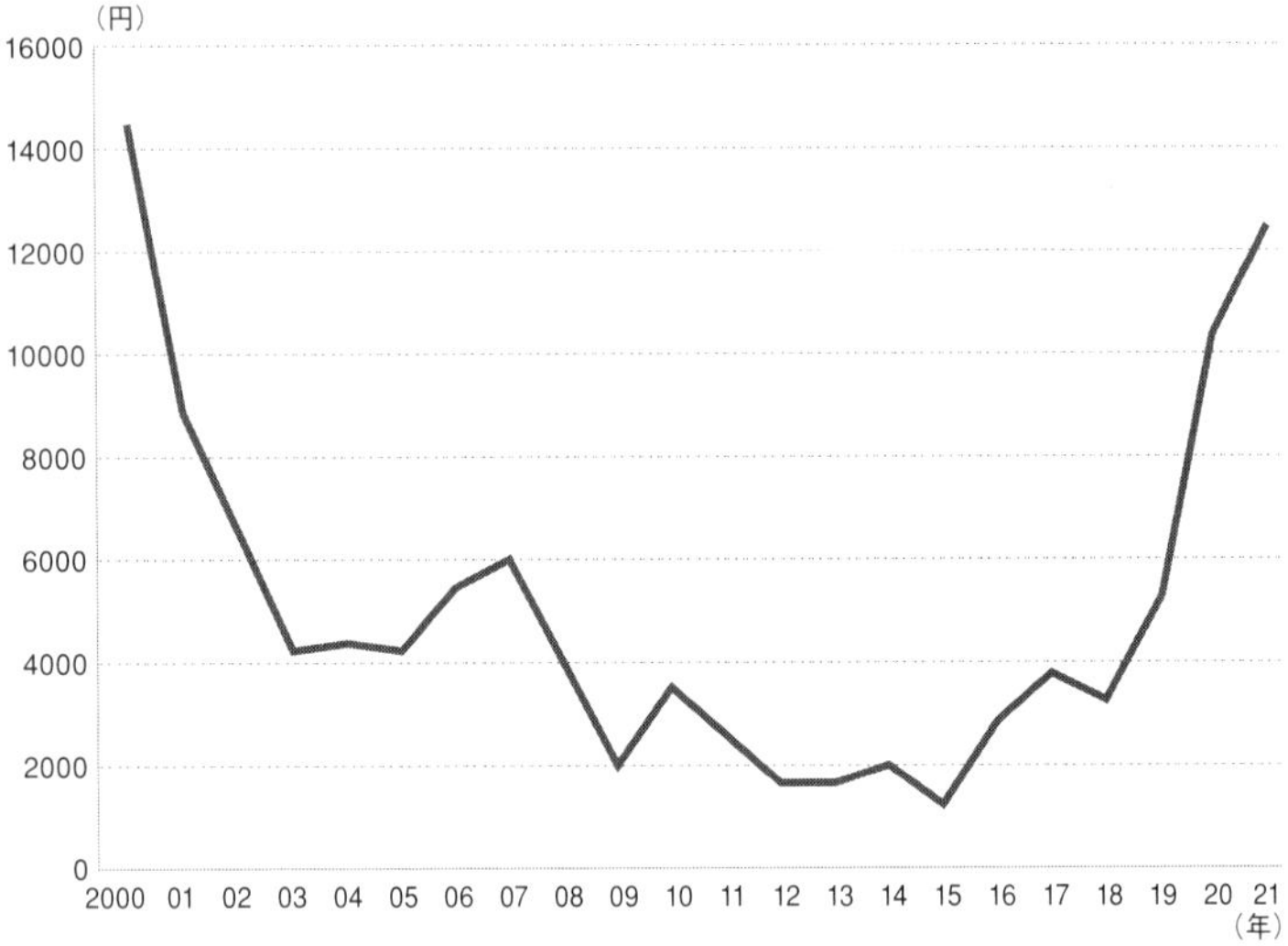

出典：ソニー株価（東証）始値より著者加工

ルの中でソニーの株価が2000年4月の株式分割後も、1万5000円という高い株価のときに入社を決めています。しかし、10年後の株価は、2000円台に……。この頃からソニーのリストラがはじまり、株価は入社11年目の11月に、最安値750円をつけることになります。

2001年入社組の何割が、今もソニーの名刺をもっているのでしょうか。不幸にしてわたくしのアドバイスは正鵠《せいこく》を射ていたのではないかと思います。「寄らば大樹の陰」と入社に喜んだ団塊世代の父兄がお祝いにソニーの株を買っていたなら、一財産失くしたかもしれません。

経営者は結果が問われる仕事で、一番のスコアカードは株価です。わたくしを含め当時の経営陣の経営責任が重いことを承知のうえでいえば、2000年当時の出井さんの「この株価に責任はもてない」という発言は正しかったのです。

当時、出井さんの秘書室長をしていた吉田憲一郎さんが、今のソニーを率いていて、ソニーの転落の歴史を塗り替えつつあります。2021年9月末の終値は1万2425円と、ピーク時に戻りつつあります。このターンアラウンドを演じた平井一夫さん、吉田さんの2人は、ソニーの本流に長くいた人たちではありません。

平井さんはプレステアメリカに長く、ほとんどアメリカ人といわれた人です。平井CEO（ソニーグループ）の下でCFOになり、現在会長兼CEOを務める吉田さんは、出井さんの秘書を経験した後は、SONETが長かった人です。決して本流の人ではなかった彼らですが、名札の下に正真正銘の値札がついていました。吉田さんの値札は何かといえば、SONETが育てたM3社です。スタートアップから面倒をみていましたが、現在、時価総額5・5兆円にまで成長しています。

ライフ・プランの数字化で将来のリスクを知る

これから何が起こるのかわからない時代を生きるビジネスパーソンに対して、何をアドバイスするべきか。わたくしはやはり同じことをいいたいと思います。
「寄らば大樹の陰の時代は終わった。名札の下に値札をつけよ」と。今、たとえ大手町・丸の内の歴史ある大企業に勤めていても、わたくしたちの世代のように安泰ではないでしょう。人生設計を抜本的に変更しなければならない時代になったのです。老後資金2000万円が話題になりましたが、これから夫婦で40年以上の余生があるのならば、2000万円でも足りないかもしれませんし、緊急事態宣言下のような消費生活をすれば2000万円もいらないかもしれません。ゼロ金利下で、どうやって65歳までに貯蓄するのか。どう運用するのか。人それぞれの事情は千差万別で一般的な正解はないのですが、次の2つのことを実践していただきたいと思います。

まずは、自分の今後の生活設計をしっかりと数字化すること。次に、今後どのようなリスクがあるかを列挙しておくことです。これは基本的に、プロジェクト・ファイナンス（特定事業に対して融資を行い、そこで生まれるキャッシュ・フローを返済の原資とする。そして債権保全のための担保も対象事業の資産に限定すること）についての分析と同じです。すなわち、キャッシュフロー・マネジメントとリスク・マネジメントをプライベートライフにおいても行うことが肝要なのです。

ライフ・プランの数字化は、ソニー生命のライフ・プランナーが、終身保険などを案内するために用意してきた手法です。まず、現在ある不動産・金融資産・負債の状況や今後の収入の見通しと、予想される出費（子どもの学資など）を数字にして「見える化」していきます。収支は家計簿からつくります。

インターネットの時代ですから、個人向けと法人向けにつくられたウェブサービス「マネーフォワード」など、よくできたスマホベースの家計簿アプリがあるので、使うと便利でしょう。金融資産の動向については、確定申告書を何年分か自分で記入してみると、全容が把握できます。将来の収支については、家族構成、ローンの有無、共働きかどうかなど働き方によって違ってきます。

給与所得者も確定申告書の作成を！

なぜ、確定申告書の作成をすすめるのか。その理由は2つあります。

まず第一に、確定申告書をつくる目的は、単に税金の計算をし、税務署に提出するだけではありません。確定申告が不要な人であっても、確定申告書のベースになる「家計という事業」の決算書を作成しておくことが、ライフ・プランの数字化に重要だからです。そのためには、家計を個人事業主のようにみなし法人化し、財務会計を導入する。つまり、企業における損益計算書、貸借対照表の考え方を家計に取り入れる必要があります。

しかし、日本企業で働く大部分のビジネスパーソンの所得源泉は給与所得のみであり、給与収入が2000万円以下の場合、確定申告は必要ありません。さらに、源泉徴収だけでなく『年末調整』というシステムがあり、会社が個人所得税の計算や支払いを本人に代わって行います。そのため納税者が自ら税金の計算をし、国に税金を納めるという民主主義国家本来の姿が、失われてしまっているのです。

具体的には、会社が源泉徴収制度に基づき、給与総額から所得税の前払いという形で、毎月一定額を徴収し、「年末調整」という手続きによって、年間所得税を確定し、本人に代わって納税を完了するわけです。その結果、納税者の多くは、給与収入の確定から所得税に至る計算過程を自分ごととしてとらえることなく、税金に対して、「国に納めるのではなく、国から取られるもの」であるという意識を強くさせているのではないかと思います。

自分が納める税金は、どのようなメカニズムで、何がどのように計算され、税務署（国）に支払っているのかを知っておくことは、納税者の権利であり、義務です。つまり、「自分で計算し、納めた税金は何に使われているのか」という、欧米では当たり前の納税者意識の醸成に役立つのです。

もちろん、詳細なライフ・プランを組み立てても、その通りにいかないのが人生です。平均余命通りにはいかないだけでなく、その間、病気になるかもしれませんし、大地震が襲うかもしれません。また、勤めている会社が倒産して、失業したり、投資している金融資産が直面するリスクもあります。だからこそ、人生を数値化し、リスクに備える意識が重要になってくるのです。また、転職を決心する際にも、手許の資金で何年収入がなくても大丈夫かということは、重要な判断材料になると思います。次の就職先が決まっている転職ならば問題ないのですが、そうとばかりはいかないのが人生です。

企業経営の際のリスク・マネジメント手法は、家計の長期的なリスク・マネジメントでも使うことが

図表1-4　リスクマッピング

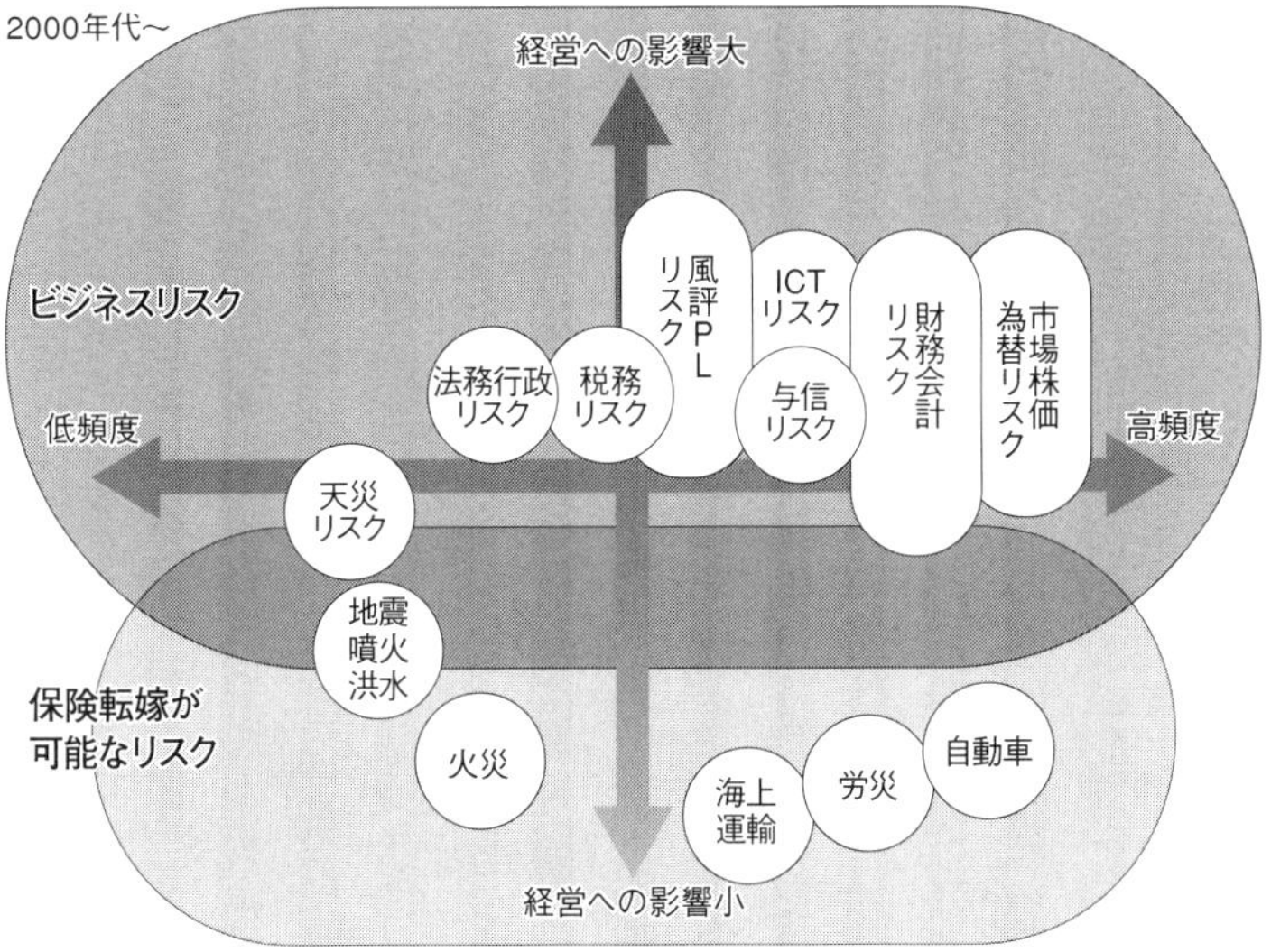

出典：東京海上日動リスクコンサルティングレポートをベースに著者加工

できます（図表1－4）。たとえば、リスク・マッピングの手法、縦軸に経営に対する影響度をとり、横軸に発生頻度をとります。リスクのうち、保険でカバーできるリスクについて保険をかけると、自動車事故の経営に与える影響は、ほとんどなくなります。

企業経営者は（保険会社など）第三者に転嫁できるリスクは極力転嫁します。金利・為替、保有株式のリスクも、対価を払えば、市場でヘッジ（リスク転嫁）が可能です。ただし、すべてのリスクを転嫁してしまうと、企業の収益性は大幅に低下してしまいます。そもそも企業経営はリスクを取ることで成り立っているからです。

したがって、リスク吸収能力の高い（資本が大きい）企業は、免責限度を高くして保険料を節約します。このスライドでは保険転嫁可能リスクを伝統的な保険に限っていますが、与信リスクはもとより法務リスク、ICTリスクなどをカバーする保険が登場しています。

家計の場合でも、このリスク・マッピングを書いてみることは重要です。まず、「自分の家計はどの程度までの不慮の事故に対する蓄え（企業であれば自己資本）があるのか」という問いからはじまります。よく心配性の人に対して、「保険を買い過ぎていませんか」と尋ねることがありますが、家計のリスク・マッピングはそれぞれの家計で大きく違います。わが家のリスク・ファクターは後期高齢者になったわたくしの長期療養、なかんずく末期延命治療ですが、このための医療保険には入らないというのが賢明ではないかと思っています。国際協力銀行で、ご一緒させていただいた奥田碩・元トヨタCEOから、自ら運営に関与されていた日本尊厳死協会に参加してはどうか、というアドバイスをいただきました。末期延命治療は不要という意思を明確にしておくのも、選択肢の1つです。

ユダヤ人の投資教育から学んだこと

通算17年間にわたったニューヨーク駐在の最後に住んだアパートは、5番街73丁目でした。セントラル・パークの向こうがオノ・ヨーコさんの住むダコタ・ハウスという最高のロケーションで、隣の大きな部屋に住んでいたアパートの大家はハンガリー系のユダヤ人。男の子が1人いました。ユダヤ教徒は13歳になる男の子に大人になった証として、バル・ミツワーと呼ばれるお祝いをします。大家は豪勢なお祝いをして、息子がもらったお祝いは10万ドル近かったそうです。このお金の運用から、ひとり息子への投資リテラシー教育がはじまりました。

しばらくして、彼とエレベーターに乗り合わせたとき、「株式投資をはじめて、自分がよく知っているディズニーとかマクドナルドなどの株を買った」といっていました。当時、ディズニーの株価は20ドル近辺で、今は176ドル以上。一方、マクドナルドの株価は15ドルから、243ドルへと16倍以上になっています。この少年の資産は、この20年で100万ドル以上になっていてもおかしくありません。これがユダヤ人の投資教育です。

もちろん、アメリカでは夫婦の財布は別々、親子も成人すれば別々が原則のため、両親は大学の学費は自分で出しなさいといったに相違なく、全額は残ってはいないでしょう。しかし、彼はこの投資リテラシーを活かして、ウォール街で活躍しているか、起業をしているかもしれません。

アメリカは資本主義の国である以上、株式市場のことがわからないと、ビジネスのプロにはなれないのは当然です。かたや、日本の官民指導者で株式投資の経験がある人はごくわずか。銀行・証券のマネジメントの中でも株式投資で儲けたり、大損した経験のある人はいまやごく少数でしょう。丸の内・大手町に本社がある経団連のお歴々もそうではなかろうかと、わたくしは疑っています。

総じて、日本企業の幹部は投資教育を受けていないし、実体験もありません。会社の持株会などを通して、自社株を保有して儲けたり損をしたりしているというのが、ほとんどではないでしょうか。アメリカでは、「自社株だけは絶対に買ってはいけない。倒産したら、職も資産も同時に失うから」というのは一般常識になっています。日本社会全体が投資リテラシーに欠けているとわたくしが考えるのは、こういう理由があるのです。

不幸なことに、日本はかつての英国と同じように産業競争力を失い、過去に蓄積した海外資産からのリターンに依存する経済へと、急速に変化する大転換点にあります。危惧するのは、個々人に投資リテラシーが欠けていることで、「投資オンチの日本人だけでファンドを運営する官民ファンドというのは、悪い冗談だ」と、海外の友人から心配されてしまう始末なのです。

実践なくして、投資リテラシーは育たない

親は、お子さんが18歳になったら預金口座ではなく、証券口座を用意してあげることを考えてください。今からでも遅くはないので子どもたちへの投資教育のスタート地点として考えてみてはいかがでしょう。学校の教室で投資シミュレーション売買ゲームを試してみるのもいいと思います。

そして、大企業のビジネスパーソンへのインサイダー取引規制の実質的な緩和を検討することも必要ではないでしょうか。個別株式投資には近寄らないほうがよいという過剰な自己規制が働くため、日本のビジネスパーソンは株式投資に疎いということが一般化しています。

公務員も例外ではありません。株式市場に実体験のない人たちに、証券行政を任せるのは無理があるのではないでしょうか。投資信託やＥＴＦと呼ばれる上場投資信託は、債券・為替の取引もできるのだからそれでよいではないか、という反論もありますが、個別銘柄への株式投資なしには投資リテラシーは向上しません。

また、民間資金のみならず、日銀をはじめ公的資金がＥＴＦ投資（上場投資信託）に向かうことが日本株式市場を歪めているという現状は看過できません。日本株式会社の金融資産を国内株式に多く投資するのは、自社の株式に投資するようなもので将来、日本株式会社が衰退すると、その株価も大幅に低下するというリスクを負うことになるからです。

これから20年、30年というスパンで日本の将来を見るとき、私たちの個人金融資産はどう運用したらよいのでしょうか。個人金融資産が２０００兆円、そのうち現預金１０００兆円。残りが保険・年金・投資信託・株式などに投資されているのですが、そのほとんどが国内の株式や証券に流れています。

残りわずかな老後ですが、わたくしなら個人金融資産は海外へ投資します。少子高齢化と企業の老齢化で、日本株式会社の将来はバラ色ではないと思うからです。国力が衰える大国のよい例が大英帝国です。住友銀行に入行したころ、英ポンドは1068円でした。1960年代後半から英ポンドの切り下げがはじまり、いまや1ポンドは130円……。50年間あまりの間に87・5%のポンド安です。

つまり、イギリスの投資家は50年前に自国の英国債を買っていたら元本だけでドルベースで9割弱、下落したことになります。日本がこれと同じことになるかどうかはわかりませんが、長い目で見れば、円安は避けられず、全体的には日本の老齢化する企業の株安も避けられないと思います。

常識的に考えると、老後のための個人金融資産は発展途上国を含む世界への分散投資が好ましいのではないでしょうか。私見ではありますが、手元流動性を除く長期投資の中での円建ての株・証券、あるいは生保の割合は最大10%までにするのがよいと、わたくしは考えています。

日本のGDPは世界の6%弱なのですから（ちなみに2018年度、米国は24%、中国は16%です）。「年金基金（GPIF）が国内株式アロケーション（投資家のリスク許容度、目標などに応じて、各資産の割合を調整することで、リスクとリターンのバランスを取る投資戦略）を12〜25%に引き上げたのは間違いだった。将来、なぜ、引き上げたのかと疑問視される可能性が高いと思います。ちなみにノルウェーの政府年金ファンドは（自国産業が小さいこともあるのですが）、自国リスクをほとんど取っていないと聞いています。

覚えておきたい基礎知識

COLUMN 01 家計をみなし法人化して確定申告書を作成してみよう

自分の決算書を作成せよ

皆さんは、自分が1年間働いた結果として、いくらの収益をあげ、期末日現在（12月末日）の財政状態がどうなっているか把握したことがありますか。おおよそしかわかっていないとしたら、これを機会に家計をみなし法人化して、決算書を作成し、あなたの家の「家計という事業の業績と財政状態」がどうなっているのか、検証することをおすすめします。そして財務的観点から定点観測をすることで、過去から現在、そして将来に向かってどう財務計画を立てていくべきか、ライフ・プランの基礎データになります。

ここでは、多少技術的になりますが、「家計という事業のみなし法人化と決算書のつくり方」について説明します。給与所得しかない人でも家計を事業としてとらえ、

給与収入＝売上、生活費≒事業経費、土地建物、自家用車＝有形固定資産、住宅借入金＝事業借入金

とみなし、帳簿をつけることで可能になります。具体的には現預金出納帳を記録し、試算表を作成し、損益計算書と貸借対照表を導き出すのです。これらの作業は近藤さんが本文でふれている「ライフ・プランの数字化の基礎」となるもので、重要な財務データです。具体的な手順としては、

①２０２１年12月31日を期末日とし、あなたが所有するすべての資産・負債を簿価でリストアップし、差額を資本金とします（まさかと思いますが、資産より負債の大きい、債務超過の人は対象外です。債務超過の状態で会社はスタートできません）。

②そして、２０２２年１月１日を「みなし法人Ａ社」の初年度として事業をスタートするのです。

③次に、日々の取引を現預金出納帳に記録し、試算表を作成、２０２２年12月31日の決算書を作成します。

④はじめは少し面倒ですが、ウェブサイトからソフトを見つけるなどして記帳し、慣れてしまえばそれほどむずかしくありません。ただし、何が事業経費で、何が生活費なのかについて、奥方やパートナーと事前に取り決めておく必要があります。

⑤ポイントは領収書の管理や、日々の取引の処理をため込まずに、少なくとも１週間に一度は整理し、記帳しておくことです。１カ月まとめてやればよいと思っていると、処理がどんど

ん先送りされ、最後は面倒になって失敗してしまうことが多いためです。

12月の期末決算は翌年1月中には終わらせ、決算の総括、前期と比較分析、翌年度の予算を立てられるようになれれば、しめたものです。そして、売上高、営業利益、純利益、現預金残高、有形固定資産、総資産、流動負債、長期借入金、負債総額及び純資産など、要約財務データの推移を年度単位で記録（定点観測）し、将来予測に役立てていくのです。これは、経営者としてのマインドを磨くのにも役に立ちます。組織の一員として日々の仕事に追われていると、本当にスタジオジブリのアニメ「借りぐらしのアリエッティ」ならぬ「その日暮らし」になってしまい、自分を客観的に見ることができなくなってしまいます。

確定申告書を作成して、所得税と住民税を算出する

家計をみなし法人化して、決算書を作成した後、次のステップとして所得税の確定申告があります。給与所得が2000万円以下で確定申告提出が不要な人であっても、国税庁のホームページから「確定申告書作成コーナー」に入り、手順にしたがってデータをインプットしていけば、それほどむずかしくなく申告書の作成ができます。

そして決算書中の損益計算書で算出された「税引き前当期利益」を起点に課税所得の計算に至

るメカニズムがわかります（もちろん、提出不要です）。確定申告書を完成させることで、みなし法人「A社」の一連の財務データが完成するといってよいでしょう。

ここで、給与所得以外に経営コンサルタントとしての事業所得がある「Aさん」の確定申告を事例にして、税金の計算をしてみましょう。「収益の確認からスタートし、課税所得の確定、そして所得税及び住民税の算出」に至るプロセスを具体的に順序だてて説明します。所得税がどのようなメカニズムで計算され、地方税に連動しているのかがわかります。なお対象期間は２０２０年度（1月から12月）とします（参考までに確定申告書の雛形とAさんの所得税及び住民税の計算過程を53ページで図表にしておきましたので、合わせて読んでください）。

住民税に関して注意しなければならないのは、課税時期が約半年遅れることです。すなわち、２０２０年度の住民税は２０２１年６月から２０２２年５月までに支払います。なお、海外駐在の場合、出国及び帰国時期には留意する必要があります。住民税はその年の１月１日の居住者に対して課税されます。結果として、住民税の期ずれはありますが、Aさんの２０２０年度の税金は、所得税及び住民税を合わせ１９４万２５７円（実効税率23・5％）になります。

財務情報と同様に主要な税務情報、つまり、所得金額、所得控除、所得税、住民税と実効税率は年度ごとに記録しておきましょう。５年から10年のスパンで比較分析すると傾向値がわかり、ライフ・プランの策定に役に立ちます。

① まず、**給与収入及び事業収入を確定し、課税所得の計算をしましょう。**
それぞれ給与所得控除及び必要経費を控除して、合計所得1,110万円(930万円+180万円)を確定します。

② **これらの所得に対しては**、すでに源泉所得税1,557,730円(給与:1,302,480円、コンサルティング収入:255,250円)が天引きされています。年末に支払先から送られてくる「収入の内容及び源泉税を記した支払調書」は、確定申告の際に添付資料として使います。

③ 次に、**所得から差引かれる各種控除額の計算をします。**
社会保険、医療費、生命保険、損害保険、住宅ローン特別控除、ふるさと納税を含む寄付金などです。あとは配偶者控除(Aさんのケースでは所得が1,000万円以上なので適用外)、扶養控除及び基礎控除の金額を加えて、所得控除の合計額2,828,000円を算出します(住宅ローン特別控除は別枠の税額控除であることに留意)。

④ そして、**所得税の計算です。**
課税所得8,272,000円を算出したら、所得税速算表を使って、所得税額1,266,560円を導き出し、住宅ローン特別税額控除10万円を差引き、東日本大震災の復興特別所得税24,497円を加算し、1,191,057円を計算します。すでに前払いしてある源泉所得税1,557,730円を差引き、▲366,673円(還付額)を導き出します(この事例では源泉税の前払いのほうが大きいので還付)。税金が戻ってきたと喜ぶ人がいますが、そうではありません。払いすぎた前払い税金が戻ってきたにすぎません。

⑤ 最後に**住民税の計算をしましょう。**
各種控除額は、所得税の控除金額とは違います。再計算した住民税の課税所得に、県民税及び市町村税の税率を乗じ、合計住民税(事例の場合、827,200円)から、ふるさと納税控除(78,000円)を差引き、最終住民税749,200円を算出します。なお、住民税は都道府県によって多少計算方式が違いますが、地方税としての住民税は、おおよそ課税所得の10%とみます。なお、住民税の計算は税務署から各自治体の税務事務所にデータが転送されるので改めて申告書を提出する必要はありません。

V 所得税の計算（国税）		
課税される所得金額（所得−所得控除）	8,272,000	（11,100,000円-2,828,000円）
所得税額（所得税速算表から）	1,266,560	所得税速算表から
税額控除（住宅ローン特別控除）	100,000	12月末残10,000千円 ※1.0%
差引所得税額	1,166,560	
復興特別所得税（東日本大震災）	24,497	差引所得税 ※2.1%
合計所得税	1,191,057	
源泉徴収税額（給与及び事業所得の源泉税）	1,557,730	
申告納税額（▲還付）	▲ 366,673	申告の結果、源泉徴収税額の方が多いので、差額は還付
Ⅵ）住民税の計算（地方税）		
課税所得	8,272,000	所得税と違った計算式があるが便宜的に所得税と同様の課税所得を使用
地方税額　県民税+市町村民税≒10%	827,200	概数
ふるさと納税控除　地方自治体によって計算式が異なる	▲78,000	
地方税（最終）	749,200	
Ⅶ）税金合計（所得税+住民税）		
税額合計　（所得税+住民税）	1,940,257	（1,191,057+749,200）
実効税率　（税金/所得合計）	23.5%	（1,940,257÷8,272,000）

図表1-6 | CASE | Aさんの確定申告書 (単位:円)

I 前提条件

・申告対象期間:2020年度(2020年1月～12月)

・家族構成:本人:45歳、一部上場企業勤務、副業として経営コンサルタント

・被扶養者:配偶者(専業主婦)、子供2名(高校生及び中学生)

II 所得の内訳

給与所得	収入総額	11,400,000	1,302,480	給与所得源泉税 税法が定めた経費相当額
	給与所得控除	▲ 2,100,000		
	給与所得控除後の金額	9,300,000		
事業所得	経営コンサルタント収入:総額	2,500,000	255,250	
	必要経費	▲ 700,000		事業所得源泉税 実際の経費(決算書)
	事業所得(コンサルティング)	1,800,000		
	所得合計	11,100,000	1,557,730	源泉所得税合計

III 所得控除関連データ

・社会保険(健康保険、介護保険、厚生年金)	890,000		
・医療費(本人+被扶養者)	1,000,000		
・生命保険料(一般生命保険(新制度))	500,000		
・損害保険　地震保険	40,000		
・住宅ローン控除対象借入残高(2020年12月末残高)	10,000,000		税額控除対象
・寄付金(ふるさと納税)	100,000		

IV 所得から差引かれる金額

・医療費控除	健保・介護・厚生年金	900,000		計算式に基づく金額
・社会保険料控除	新制度保険	890,000		支払額全額
・生命保険料控除	損害保険	40,000		上限
損害保険料控除		40,000		5万円より少ない場合は全額
・寄付金控除		98,000		計算式に基づく金額
・配偶者控除		0		申告者の所得が 1000万超は適用外
・扶養控除	16歳以上が対象(1名)	380,000		中学生以下は適用外
・基礎控除		480,000		2019年度は38万円
	所得控除計	2,828,000		

図表1-7　確定申告書の雛型（国税庁資料より）

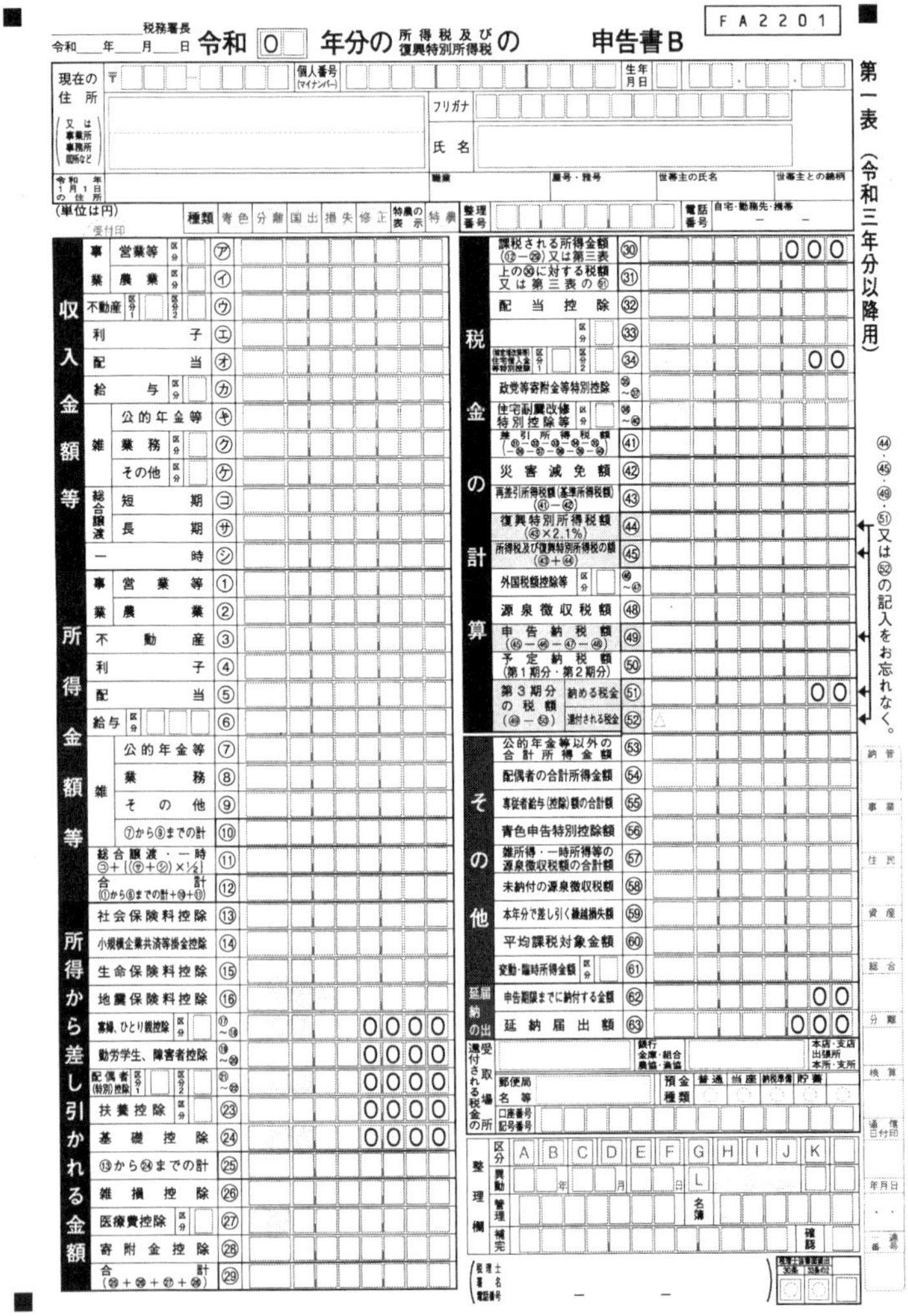

税務署長
令和　年　月　日
令和 ○ 年分の所得税及び復興特別所得税の　申告書B
FA2201
第一表（令和三年分以降用）

現在の住所（又は事業所 事務所 居所など）　〒
個人番号（マイナンバー）　生年月日
フリガナ
氏名
令和　年1月1日の住所
職業　屋号・雅号　世帯主の氏名　世帯主との続柄
（単位は円）　種類　青色　分離　国出　損失　修正　特農の表示　特農　整理番号　電話番号　自宅・勤務先・携帯
受付印

収入金額等

区分	項目	番号
事業	営業等　区分	㋐
事業	農業　区分	㋑
不動産	区分1　区分2	㋒
利子		㋓
配当		㋔
給与	区分	㋕
雑	公的年金等	㋖
雑	業務　区分	㋗
雑	その他　区分	㋘
総合譲渡	短期	㋙
総合譲渡	長期	㋚
一時		㋛

所得金額等

区分	項目	番号
事業	営業等	①
事業	農業	②
不動産		③
利子		④
配当		⑤
給与	区分	⑥
雑	公的年金等	⑦
雑	業務	⑧
雑	その他	⑨
雑	⑦から⑨までの計	⑩
総合譲渡・一時	㋙＋{(㋚＋㋛)×½}	⑪
合計	(①から⑥までの計＋⑩＋⑪)	⑫

所得から差し引かれる金額

項目	番号	
社会保険料控除	⑬	
小規模企業共済等掛金控除	⑭	
生命保険料控除	⑮	
地震保険料控除	⑯	
寡婦、ひとり親控除　区分	⑰～⑱	0000
勤労学生、障害者控除	⑲～⑳	0000
配偶者（特別）控除　区分1　区分2	㉑～㉒	0000
扶養控除　区分	㉓	0000
基礎控除	㉔	0000
⑬から㉔までの計	㉕	
雑損控除	㉖	
医療費控除　区分	㉗	
寄附金控除	㉘	
合計（㉕＋㉖＋㉗＋㉘）	㉙	

税金の計算

項目	番号	
課税される所得金額（⑫－㉙）又は第三表	㉚	000
上の㉚に対する税額又は第三表の㊾	㉛	
配当控除	㉜	
区分	㉝	
（特定増改築等）住宅借入金等特別控除　区分1　区分2	㉞	00
政党等寄附金等特別控除	㉟～㊲	
住宅耐震改修特別控除等　区分	㊳～㊵	
差引所得税額	㊶	
災害減免額	㊷	
再差引所得税額（基準所得税額）（㊶－㊷）	㊸	
復興特別所得税額（㊸×2.1%）	㊹	
所得税及び復興特別所得税の額（㊸＋㊹）	㊺	
外国税額控除等　区分	㊻～㊼	
源泉徴収税額	㊽	
申告納税額（㊺－㊻－㊼－㊽）	㊾	
予定納税額（第1期分・第2期分）	㊿	
第3期分の税額（㊾－㊿）　納める税金	51	00
第3期分の税額（㊾－㊿）　還付される税金	52	△

その他

項目	番号	
公的年金等以外の合計所得金額	53	
配偶者の合計所得金額	54	
専従者給与（控除）額の合計額	55	
青色申告特別控除額	56	
雑所得・一時所得等の源泉徴収税額の合計額	57	
未納付の源泉徴収税額	58	
本年分で差し引く繰越損失額	59	
平均課税対象金額	60	
変動・臨時所得金額　区分	61	
延納の届出　申告期限までに納付する金額	62	00
延納の届出　延納届出額	63	000

㊹・㊺・㊾・51又は52の記入をお忘れなく。

還付される税金の受取場所：銀行 金庫・組合 農協・漁協　本店・支店 出張所 本所・支所　郵便局名等　預金種類 普通 当座 納税準備 貯蓄　口座番号 記号番号

整理欄：区分 A B C D E F G H I J K　異動 年 月 日 L　管理　名簿　補完　確認

税理士署名 電話番号　－　－
税理士法書面提出　30条　33条の2

納管　事業　住民　資産　総合　分離　検算　通信日付印　年月日　番号 通番

覚えておきたい基礎知識

COLUMN 02 トーゴーサンピン「10・5・3・1」とは何か

なぜ、日本には「年末調整」の制度があるのか

皆さんは「トーゴーサンピン：10・5・3・1」と呼ばれる言葉をご存じですか。これは日本における税金捕捉率の業種間格差を揶揄した言葉です。税務署から見て、給与所得者は10割（100%）捕捉できるが、自営業者は5割、農林水産業者は3割、政治家は1割しか捕捉できないという意味です。

なぜ、給与所得者は100%なのか、考えてみれば当然です。毎月の源泉徴収だけでなく、年末調整（確定申告）まで雇用者である会社が本人の納税代行をしているため、納税者本人は気がついてみたら、いつのまにか税金を納めていたという、国にとってはまことに効率的で優れたシステムであるからです。ただし、あくまでも徴税側に立った捉え方です。

そもそも税金は国民自らが計算し、納税するものではないでしょうか。主権在民の意識の強い欧米では納税者（個人）と徴税者（国）は、常に緊張関係にあるのは当たり前です。アメリカには、独立戦争のときに使われた「代表なくして課税なし」という有名な言葉があります（人民が自ら選

出した代議士の承認なしに政府が人民に課税することは不当であるという、マグナ・カルタに由来する理念)。

欧米諸国は、確定申告が原則です。納税者自ら税金の計算を行い、納税するというのは民主主義国家としての根幹に関わるものだからです。もちろん、欧米各国においても利子や配当、一部の高額所得者などに対して源泉徴収制度は存在しますが、所得税の最終確定、すなわち「確定申告」まで国が主導権を握り、会社が代行し、納税させるということはありません。

こういった中で、日本にはなぜ、「年末調整」の制度が存在するのでしょうか。それは、戦後のGHQ(連合国最高司令官総司令部)占領下の昭和22年度の税制改正までさかのぼります。もはや事実関係は不明ですが、当時の大蔵省(国税庁)が年末調整制度を導入しようと考え、GHQにお伺いを立てました。結果的に改正案が成立したのですが、GHQは最後まで導入を渋っていたそうです。

私見になりますが、彼らにしてみれば、民主主義の根幹に関わるものなので、反対だったのでしょう。当時、国税庁は国民の納税者意識を信用していなかったのかもしれません。

税金の使い道に興味をもとう!

いずれにしても、民主主義国家では例外的な存在として、日本に年末調整制度が誕生し、すでに70年以上が経過しています。それにもかかわらず、年末調整制度が日本人の体質に合っているのか、納税者である国民の側からも反対意見は起こっていません。それとも日本人の権力に従順な国民性（?）が、なせる業なのでしょうか。

たとえ話としてはどうかと思いますが、2011年に起こった東日本大震災の復興のため、納税者は所得税額の2・1%を「復興特別所得税」として25年間納めることになりました（年間およそ4兆円）。

個人的には納税者として、この未曽有の災害に対処するため特別税を支払うのは賛成です。しかし、政府（復興庁）によって何にいくら使われたか、積極的かつ定期的に開示されているとは思えません。納税者はもっと声を上げる必要があると思います。また、福島の原発事故に対して、東京電力及び国に何件の訴訟が起こされているかわかりませんが、仮にこれが欧米であれば数百件の訴訟が起こされていることでしょう。

CHAPTER

02

日本が世界と互角に戦うために必要なこと

コミュニケーションリテラシーを高め、俯瞰力を養う

株式投資による資産形成や長期的な家計管理が日本人（ことにビジネスパーソン）は、総じて不得手なので、どうしたらこれを改善できるかということをここまで見てきました。個人の集合体が組織ですから、日本の官庁や企業にもこの辺りに課題があるのではないかということをCHAPTER2では考えてみます。個人の弱点は企業の弱みであり、同時に組織の弱点は個人の弱みでもあるという視点で読んでください。

戦国時代から変わらない間接部門の問題

一時期、アメリカを震撼させた日本の製造業は経済成長の原動力として、日本をGDP世界第2位に押し上げました。1971年のニクソンショック以降の1ドル360円から200円へ、そして1980年代後半、プラザ合意後の120円という円高にもかかわらず、日本の製造業は頑張ったのです。円高のお陰で石油輸入価格が非常に安くなったというメリットもありました。

ところが、その日本にも弱点がありました。それが間接部門（本社管理部門）です。わたくしは、これまでのビジネス経験を通して、日本株式会社の負け戦は製造・販売部門などの現場ではなく、財務・経理・

図表2-1　日本とアメリカの労働生産性比較

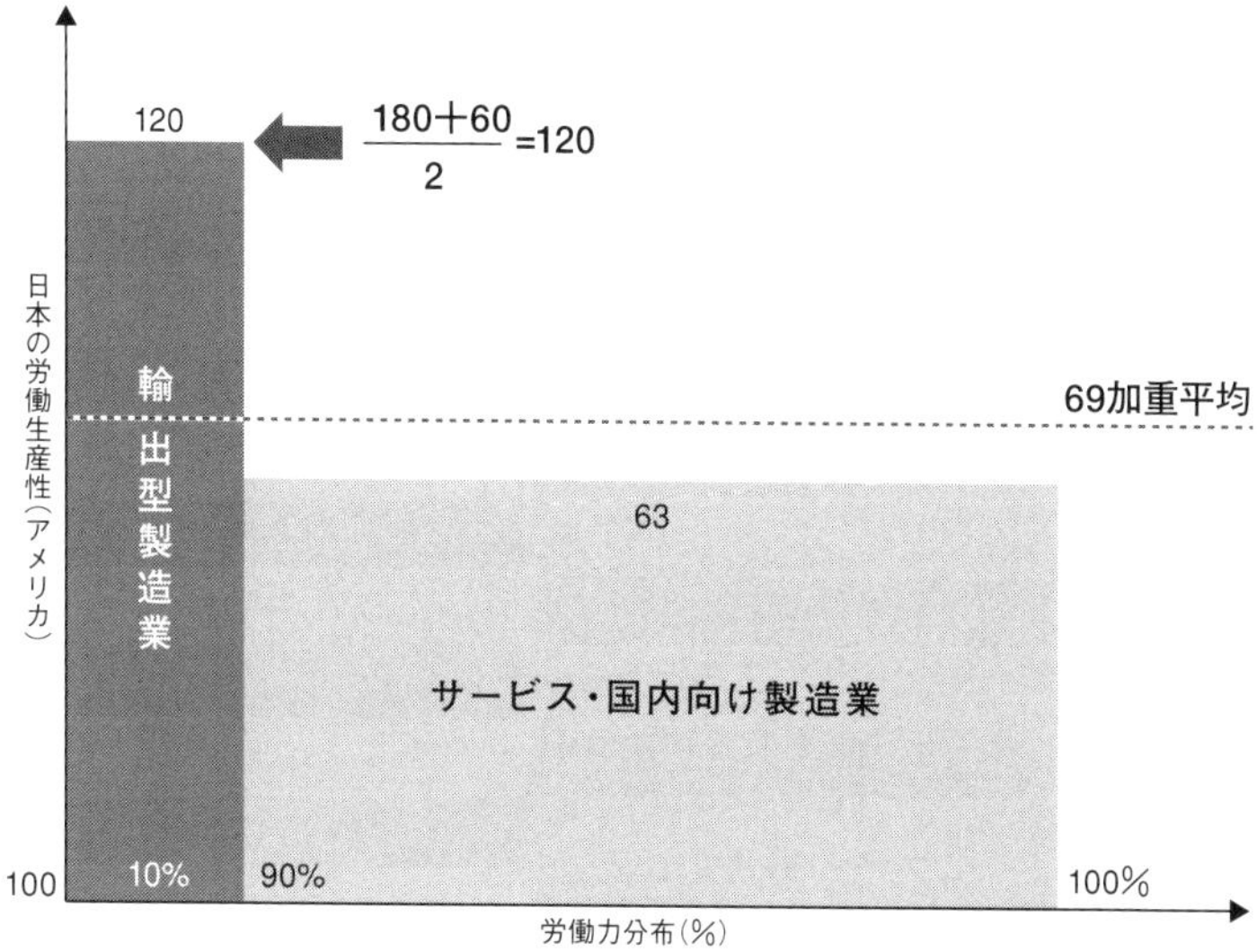

出典：マッキンゼーレポートより著者加工

総務・人事などの本社間接部門（システム部門を含む）に起因するところが大きかったのではないかという実感を拭い去れません。

一番の問題は国際的に通用する金融部門やサービス部門、あるいはＩＣＴ部門を育てられなかったことにあるのではないでしょうか。これら部門の労働生産性は、製造部門の労働生産性をかなり下回っていたからです。

図表２−１のチャートは、２０００年代のはじめマッキンゼーが発表した日本とアメリカの労働生産性を比較した結果を示しています。アメリカでは１９９０年代後半にＩＴ革命がもてはやされましたが、その時期にマッキンゼーが日米の生産性比較を行っていました。

この調査はこの後、定期的に発表され、よく引用されていますので、ご存じの方も多いと思います。

アメリカ企業の労働生産性を100として、日本の各企業セクターの生産性を比較したものです。輸出企業の労働生産性が高く、労働者の9割が働く国内向け製造業、流通といった部門の労働生産性が低いため、全体ではアメリカの労働生産性を大きく下回っているという調査結果です。

アメリカ企業の労働生産性の高さが、80年代後半のニューエコノミーによる規制緩和とIT投資でもたらされたのかどうかは、過去のデータがないので、何ともいえないと思います。しかし、実感として日本の輸出企業の労働生産性がアメリカの120というのは、ちょっと低すぎるのではないかと思います(この点については、後で説明します)。

「日本の金融機関の労働生産性がアメリカの50しかない」といわれることが、しかたがないとしても、銀行OBとしては複雑な気持ちです。ソニーの場合、工場の労働生産性はアメリカに競争メーカーが、もはやないので何ともいえませんが、倍とはいわないまでも、180くらいはあったのではないでしょうか。

一方、間接部門の生産性は、どうもこの図表2-1の国内非輸出企業とあまり変わらないように思います。そうすると、直間比率を大雑把にいって50:50とすると、辻褄が合います。「(180+60)÷2=120」が、日本の輸出型製造業の労働生産性の対米比較です。

日本の「間接部門の労働生産性」が低い理由

このような間接部門の労働生産性が低いという状況は、ソニーについて分析した2000年当時から今も変わっていません。マッキンゼーはその後も継続的に比較を行っていますし、日本生産性本部も同様の調査を発表しています。結果は、日本のサービス産業の質の高さを勘案しても、労働生産性という観点からは、日本は劣位にあることに大きな違いはないようです。

理由は、2つあると思います。1つは、間接部門に従事する人数が国際的に見れば、多すぎるということです。一番よくわかるのは、デパートの店員数の違いです。ニューヨークの百貨店と東京の百貨店の従業員の数を比べればわかります。さすがに、最近は老舗百貨店でもエレベーター同乗店員は見かけませんが、日本では百貨店に店員が多いのは当たり前と思っている消費者が、いまだに多いのではないでしょうか。

もう1つの差は、資本装備率です。ここでいう資本装備率は、DX（デジタル・トランスフォーメーション）投資の遅れです。最近ようやく無人コンビニのテストがはじまっていますが、レジの無人化は人件費が低い中国に比べても、かなり遅れています。キャッシュレス化についても、目を覆いたくなるほどに遅れている日本。なぜ、中国より先に着手できなかったのか。これは、日本の経営トップの問題だけではありません。終身雇用、年功序列の組織が大半ですから、労働生産性優位を失ったのが30年間のことであったとすれば、この間、日本企業の間接部門で働いてきたビジネスパーソン全員の問題だといわざるをえないでしょう。また、消費者の問題でもあります。

「ここでそんなことをいわれても困る」と、困惑される人がいることも承知の上です。たしかに、80年代まで日本株式会社はその一糸乱れぬ組織の集中力をもって、鉄鋼・造船などの重厚長大産業や、大量生産・大量消費の自動車や家電産業分野で、アメリカをはじめとする先進国に追いつき、追い越してきました。

この成功体験が1990年代からの急激なIT化の時代には、ハンディキャップになってしまったのです。わたくしたちが失った30年のはじまりです。成功体験をもつ大会社の社内は世界情勢の変化への対応が遅れました。前例踏襲の世界に安住することが、組織の構成員としては一番、楽だからです。組織自体も均一な「忠誠心の高い集団」は扱いやすい。ただし、ビジネス・ブレークスルー大学副学長宇田左近さんが指摘するように『異論』の出ない組織は間違う」のです。失った30年間にビジネスライフをスタートした皆さんは手を胸に当てて、「世界水準に追いつくような自己研鑽（特にデジタル・リテラシー）を怠った」という感じはありませんか？

わたくしも最近の新しい技術、たとえば、ブロックチェーンについての理解が十分かどうか、自信がありません。若いビジネスパーソンの方は、中央銀行によるデジタル通貨（CBDC）や、スマートコントラクト、さらにはデータマイニング（大量のデータを統計学や人工知能などの分析手法を使い見いだす技術）

に使われるＡＩ技術などの動向から目を離さないでいただきたいと思います。

日本のソフトの力を過小評価しているという意見もあります。たしかに、ゲームソフトの世界では任天堂もソニーも健闘しています。しかし、ミュージックの世界はどうでしょうか。今や、韓流ポップスの後ろ姿を追うローカルな存在でしかありません。たとえば、観光業の「おもてなし」は、実は国際競争力とは無縁です。帝国ホテルから100メートルのところに、ザ・ペニンシュラ東京があります。香港資本で世界に展開しています。規模も歴史も大きく違いますが、帝国ホテルよりはるかに高い価格設定をいとわない常連客（リピーター）をもっています。

過激な発言と批判されることを覚悟でお話すると、おもてなしは日本人の誤解と錯覚に過ぎないのではないでしょうか。お客はコスト・パーフォーマンスを求めるのであって、「過剰サービス」や「箱の大きさ・新しさ」を求めてはいないと思います。帝国ホテルは、サービスの質的担保がされているので、人を招待するときなどは安心して利用できます。ただ、果たしてそこまでサービスの質を常連客をはじめとした利用者が、本当に求めていることなのか、ということです。ここは冷静になって、客観的に考えてみる必要もあるのではないでしょうか。

わたくしの見るところ帝国ホテルは海外からの団体客の受け入れで稼働率を維持するというアプローチを止めない限り、ザ・ペニンシュラホテルズなどの名門外資系ブランドホテルと競争はできない。これが不都合な真実です。

DX・在宅で生産性を上げられるか

ソニーを退職して転職を重ね、今、わたくしはスシロー（FOOD&LIFE COMPANIES）の社外取締役を務めていますが、この労働生産性向上のカギは本社部門にあるという認識に変化はありません。

監査役を勤めたカルビーは日本一のスナックメーカーで、製品開発能力や営業能力では断トツの会社です。カルビー製品は中国でも韓国でも大人気で、アルバイトを雇ってカルビーのヒット商品「フルグラ」をスーパーで買い占め、中国に送ることでお金儲けをする業者まで現れたほどでした。当時、韓国では「ハニーバターチップス」をアイドルがSNSで宣伝した効果もあり、現地のヘテ社との合弁会社が新工場を建設したのは、カルビーの製造・販売能力が海外で通用する証といえます。

しかし、製品開発能力や営業能力だけでは、会社は前に進めません。会社を支えるもう一方の車輪は、事業の現場を支援する経理・財務、人事・総務、システムなどの間接部門（兵站《へいたん》部門）ということになります。監査役というポジションを通してわかったのは、日本のカルビーが世界のカルビーになるためには、間接部門の国際化が急務だということでした。兵站を担う間接部門が一流でなければ、世界で戦うことは不可能だからです。それはスシローも同じです。

つまり、カルビー、スシローの課題は、日本企業共通の課題であり、日本企業で働くビジネスパーソンは日本の高度成長期から令和の時代に至るまで、特に国際金融を中心とするビジネス基礎知識、いわゆるリテラシーが総じて欠けていることが身に染みてわかったのでした。

そして、ＡＩをはじめとした技術の発達、ＤＸ時代において、それは致命傷になりかねない弱点でもあります。たとえば、投資分野において、ビットコインバブルの元凶と目される日本の30～40代の投資家の金融商品知識はアメリカやイギリスより劣るといった文脈でも登場するほど、日本は世界に遅れをとっています。

この課題は戦国時代から今日まで変わっていないのかもしれません。日本は緒戦においては無類の強さを発揮するのですが、戦線が伸び切ってしまうと兵站部門がついていけず、結局、撤退せざるをえないのです。アメリカのように、兵站能力と連携して前線部隊が戦っていくという考え方がないのでしょう。豊臣秀吉の朝鮮出兵でも、太平洋戦争においても同じことがいえます。秀吉の朝鮮出兵失敗の1つの原因は、海上輸送による武器弾薬・食の糧補給線を守る水軍が万全ではなかったことにあるといわれます。

狭い島国での戦闘の専門家である諸大名は武士優先で、兵站部門を担う文官はあくまでも平時の行政官であり、兵站部門を担う経験に乏しかったのではないかと思います。

太平洋戦争の場合も兵站を担う主計将校の最高位は中将で、大将にはなれませんでした。作戦に主計将校が直接かかわることも少なかったのではないでしょうか。携わっていたら、インパール作戦などという暴挙はありえなかったと思います。明治時代の政治家のように一部の例外もありますが、これは日本人の国民性でしょうか。しかし、諦めてしまうのは早計です。DXで日本の組織が欧米・中国に追いついていく主役は間接部門であって、今遅れていることは逆転のチャンスだと考えていいと思います。

一方で、日本の近代化（西欧化）が明治時代に急速に進んだ1つの背景には、江戸時代の寺子屋による教育の普及（読み書きソロバン）がありました。武士階級だけでなく、一般庶民の識字率は当時のイギリスよりも高かったともいわれています。

同時に、江戸における上水道、銭湯の普及は目をみはるものがあり、月間入浴日数はイギリスの女王陛下より、江戸の庶民の方が多かったという説があるほどです。リテラシーは文明開化の礎《いしずえ》であり、清潔であることは開国にともなうペストなどの感染症による死亡率を下げたのだと思います。ただ、脚気《かっけ》（白米を主食とする江戸の風土病）については、かの軍医総監森鴎外も、日露戦争でその対応を誤ったようです。

ですから日本のよい点は残し、キャッチアップすべき点は強化するという、当たり前の姿勢が大切になるわけですが、今の日本の経営者、ビジネスパーソンに総じて欠けるリテラシーは何か。すなわち「次世代リーダーが欧米にキャッチアップしなければならないものが何かと問われれば、前述の投資リテラシーに加え、国際コミュニケーション能力、情報通信技術知識、会計・税務知識です。つまり、現代の読み書きソロバンです。

寺子屋の風景（『職人尽絵詞《しょくにんづくしえことば》』より）

出典：国立文化財機構所蔵品総合検索システム
（https://colbase.nich.go.jp/）

国際コミュニケーション能力が高かった江戸・明治時代

江戸時代の寺子屋では町人にも四書五経を素読させたそうです。武士にとっては当然の教養で、中国の人々と会う機会さえあれば、筆談もできたことでしょう。筆談もまた、国際コミュニケーション（International Exchange）の重要な手段です。清《しん》王朝や朝鮮李王朝の高官とも情報をシェアできるほどの論語、孫子、史記、三国志から杜甫《とほ》・李白《りはく》までの基礎教養のベースがあってこそ、幕末から明治時代にかけて、欧米の言葉の漢字化に日本が大いに貢献できたのです。

たとえば、中江兆民は、ルソー「民約論」をフランス語から漢文に翻訳したといわれていますが、このことが、清末の中国の民権運動に大きな影響を与えたであろうことは想像にかたくありません。そして、明治の自由民権論者も中江兆民の漢文訳でルソーを読んでいたということもまた忘れるべきではないでしょう。

維新後、日本は国際コミュニケーションリテラシー養成のため、高等教育の主眼を漢文からイギリス・ドイツ・フランス語へと変えていきます。その結果、大正・昭和時代に教育を受けた世代よりも明治時代のエリートのほうが、英語のリテラシー（読み書きだけでなく、コミュニケーション能力）は高かったのではないかという説もあるほどです。

明治時代の日本は今でいえば、発展途上国でした。文明開化から富国強兵へという上昇気流の中にあって、欧米とのコミュニケーション能力向上は必要に迫られるものでした。

しかし、一応の目標を達成した大正デモクラシーの時代になると、大学教育もお雇い外人教授の時代が終わって日本語が中心となり、江戸時代の漢文教育のような読解能力中心の外国語教育に戻ってしまいました。これが外国語（イギリス・ドイツ・フランス）でのコミュニケーション能力を落としてしまい、今も尾を引いているとわたくしは考えています。つまり、英語教育について日本は戦後だけでなく、大正以来、100年以上も失敗し続けて来たわけです。江戸時代の支配層の漢文読解力と、現在の政財界のトップの英文読解力は比較にもならないでしょう。

江戸時代のエリートたちは漢詩を書いていました。そして今は英語を書いています。その英語を学ぶ環境は大きく激変しています。この環境変化を上手く使うことで、英語読解力の向上が可能になります。具体的には、その使い方の方法について、いくつかのアドバイスがあります。環境変化というのは、端的にいえば、スマホとパソコンの進化です。デジタルの時代が急ピッチで進化しています。

まずは自動翻訳機能の劇的な進歩です。これをうまく使って英語の読み・書きの能力をいかに鍛えるかということです。たとえば、日経電子版には翻訳機能がついています。関心のある記事を英訳して、読んで見ます。読んで見ると、日本語の専門用語を英語で何というかがわかります。わたくしは時間のあるときに、気になった単語やフレーズは手帳に書き留めておきます。語彙を増やしていく努力は社会人にとって必須の努力だと思います。

特に新しい言葉、「人新世《ひとしんせい》」は、英語で何というか？ “Anthropocene”ですが、「アントロポセン」といっても多分通じません。どう発音するか？ 昔はこれを知るには外国人に聞くしかなかったのですが、今では🔊の記号を押すだけですぐ聞くことができるアプリが一般化しています。記事を自動翻訳して、これを聞いて見るというのがおすすめです。これは１人で時間があるときにできる学習法です。

３番目の問題は書く能力の向上です。大正時代の日本の外交官は英語を書く能力をつけるために、朝一番、英字新聞の記事を邦訳して、夕方その邦訳を英語に戻して原文と比較するという作業を繰り返したと聞いています。今なら英文メールを海外へ送るとき、自分で書いた日本語を英語に自動翻訳して（まだ自動翻訳は発展途上で完全ではないですから）これを修正・編集する。これを自分でタイピングをしてみてはどうかと思います。実際、わたくしなどは日本人同士の日本語でのメールのやり取りを外国人にカーボンコピー（CC）するときは、自動翻訳と断ってコピー＆ペースト（パソコンの文書上で指定した部分を、別の場所にも複写）して用をたしています。これだと英語を書く能力の向上・維持に役立たず、だんだん自分で書けなくなりかねませんが。

最後の問題は、実際のコミュニケーションです。場数を踏むしかないといわざるをえません。しかし、コロナ禍でオンライン会議が一般化したため、今後、わざわざ海外へ出張しなくても場数を増やすことが容易になると思います。以上は、ある程度経験のある社会人の方々へのアドバイスですが、学生さんや若手社会人の方々には、やはり留学や現地駐在をおすすめします。

バイリンガルの錦織圭と、イチローの違い

それでは江戸時代にはできなかった「聴いて話す」という部分はどうでしょうか。残念ながら、今でもごく一部のトップを除いて、通訳を必要としているのが現実です。もちろん、通訳を使ってもコミュニケーションは可能で、大切なのはその内容ですから。

語学の問題とコミュニケーション能力は分けて考えるべきでしょう。しかし、今日、これだけ海外と直接コンタクトする機会が増えている状況では、そうともいってはいられません。

経済同友会に出張授業という企画があり、わたくしも墨田区の中学校にお邪魔して授業をさせていただいたことがあります。テーマは「なぜ、英語を勉強するのか」でした。その際は、ビジネスに関する話ではなく、中学生にとって身近なスポーツの話を例にとりあげました。

なぜ、プロゴルファーの青木功選手は、シニアになってからアメリカでブレークしたのか。PGAツアー（アメリカ合衆国と北米の男子プロゴルフツアーを運営する団体が運営するツアートーナメント）での青木選手の活躍は目覚ましいものがありましたが、さほどアメリカでは有名プレーヤーではなかったからです。

しかし、シニアになってから一躍有名になりました。その変わり目を、わたくしは2回目のアメリカ駐在の間に目の当たりにしました。ポイントは英語でのコミュニケーションです。プレー後のインタビューで青木選手は最初こそ、つたない英語でしたが、次第に流暢な英語で話すようになったのです。日系二世の夫人のバックアップあってのことだと報道されていますが、同時代をアメリカで過ごしたプロ野球の野茂英雄投手は、当時、そうはいきませんでした。それに比べて英語のうまい長谷川滋利投手がアメリカで実力以上にポピュラーだったのは、そのためかもしれません。「女子プロゴルフの世界でも韓国の選手は圧倒的に強いのに、英語がダメなので損をしています。ですから、ぜひとも皆さんは、英語を勉強してください」。

10年前に、そんなことを墨田区の中学生に話しました。今ならテニスの錦織圭選手や大坂なおみ選手の例をあげればよいのでしょう。引退したイチローでさえ、錦織選手のように最初から英語でインタビューに応じていたら、もっと早くアメリカ全土でスーパースターになったことでしょう。

そのイチローが英語について語った記事が、2019年4月7日の『日本経済新聞』に出ていました。移籍後のインタビューでイチローは、次のように語っています。

「アメリカで成功するためには、英語を覚えることは必然だと思います。そして、できるだけ早く英語をマスターすることが自分にとっては大切なことだと考えています。でも、学校などで英語を習うことは考えていません。クラブハウスなどでチームメートと話すほうが、よっぽどためになると思うからです」（Mariners Magazine Vol.12. Issue2）。

外国人として、自分がいいたいことを自由に伝えられない辛さ、通訳がいたとしても、100％自分の思っていることが伝わらないもどかしさ、そのジレンマを越えて、チームに溶け込むために言葉の壁を乗り越えたことこそ、イチローのもう1つの「見えない努力」だったのかもしれません。その努力の向こう側に「外国人になったことで、人の心を慮《おもんぱか》ったり、人の痛みを想像したり、今までなかった自分が現れた」という言葉が出てきたのではないでしょうか。

もう一度、わたくしが出張授業をして、中学生に「なぜ、英語を勉強するのか」ということを話すとしたら、「今ではウィキペディア、グーグルという大きな〝図書館〟にいつでもスマホを通じて入り、検索することができるようになりました。日本語での検索も進化していますが、英語のウィキペディアの情報量は日本語のウィキペディアの10倍もあり、かつ多くの人が関与するため、正確性がはるかに高い。英語で検索し、読める能力をつけることは、10年前より重要になっています。日本語だけでは小さな図書館の利用者に止まってしまいます」、ということを付け加えたいと思っています。

では、日本のビジネスパーソンは、どこまでの英語の能力を求められるのでしょうか。わたくしが住友銀行に入ったころ、人事部は行員の英語能力について自己申告をさせていました。そこには「英語でビジネスができる」のがトップランクで、次いで、「社交会話ができる」とあったため、後日、人事部に「これは逆ではないですか」とクレームを入れた覚えがあります。

実際、一番大変なのは、ディナーで隣に座った奥様との会話です。これができれば国際人として合格点。アメリカに17年いたわたくしにとっても、ここが一番の難関でした。会話が日常の話題に飛ぶため、ビジネス英語の語彙では、対応不可能な場面に数多く遭遇したものです。

たとえば、ニューヨークで評判のミュージカルから、オペラ、バレエ、そして困ったのはクラシック音楽でした。マエストロ小澤征爾さんの話はわかるのですが、こと同じ指揮者であるマーラーの音楽になるとお手上げでした。帰国してソニーに移って、ソニー最高経営責任者を務めた大賀典雄さんから東京フィルハーモニーの資金集めを仰せつかってから、クラシック音楽の世界がだんだん身近になりました。しかし、アメリカにいた頃は、奥様方の会話にはとてもついていけなかったのです。

もちろん、ビジネス英語も大変ですが、働いている会社の商売（ビジネス）のことなら慣れれば何とかなりますし、海外メディアに触れていれば、経済情勢の話もクリアできるでしょう。国際会議もたいていは通訳がつきますから問題はなく、さらに英語でのプレゼンテーションも原稿を読むだけですから、なんとかなります。やはりコミュニケーション能力が一番問われるのは、食事中の会話(Dinner Talk)と、廊下での立ち話（Corridor Talk)、そして、とりわけむずかしいのは、大ヒットしたテレビドラマ『コロンボ刑事』の口グセ「うちのカミさんがね」ではありませんが、別れ際のひと言なのです。

手で説得する黒田東彦日銀総裁

英語が国際共通言語となった今日、グローバルなコミュニケーション能力の差という観点では、もともと日本人は大きなハンディキャップを負っています。ビジネスパーソンにとって重要なのは、外国語を母国語のように話すことではなく、いかに的確にビジネス会話をするかです。

さらに加えるなら、実力あってのことではありますが、大切なことは全英オープンの渋野日向子選手のような笑顔かもしれません。インターナショナル・コミュニケーションの基本は人々に誠心誠意をもって接することだからです。また、カルビーにも教え子がいるプレゼンテーションの専門家であり、ボーカリストでもある結咲ふみのさんは、

「残念ながら日本人は話をするとき、手の使い方が上手ではありません。眼は口ほどにモノをいうわけですが、手も同じです。机に手を置いてプレゼンするのでは説得力が生まれません」

と話しています。次ページの写真は結咲さんですが、手の表情が豊かです。バタ臭いと思われるかもしれませんが、英語でコミュニケートするときはこのくらい手を使うのは当然です。日本人同士の日本語での対話やプレゼンでも日常的に、自然に出てこないといけないと思います。

日本人の政財界トップの中で手を一番使っているのは、日本銀行の黒田東彦《はるひこ》総裁だとわたくしは思っています。皆さんも黒田総裁の記者会見や国会答弁をテレビでご覧になってそう思われませんか？　中学時代からの同級生という贔屓《ひいき》目もありますが、黒田総裁は手にとても表情があり、説得力が感じられませんか。

イギリス留学にはじまり、ＩＭＦ（国際通貨基金）へも出向、何よりもアジア開発銀行総裁の8年間で、さらには日銀総裁として国際会議での修羅場の経験によって磨かれたスキルに違いありません。英語でのコミュニケーションの仕方が、自然と日本語のコミュニケーションの場でも出ているのだと思います。ご興味のある方はインターネットで総裁の画像を調べてみてください。一目瞭然です。

プレゼンテーションの専門家、結咲ふみのさん

第二外国語は「中国語」を選択しよう

ところで、これから大学に入る若い世代の方々に、お伝えしたいことがあります。わたくしは大学で第二外国語にフランス語を選択し、貿易研修センターではロシア語を選択しました。言語を学ぶことは、その国の文化を学ぶという意味で、ロシア語は国際協力銀行総裁職に就いた際に役立ちました。ですから、この選択が間違っていたとは思いません。しかし、ビジネスパーソンとして世界で活躍するには、その時々に必要度が高いであろう言語を習っておいたほうが有利です。

英語は当分、世界の共通言語であり続けるでしょうから、２０４０年～50年の頃に使えるとビジネス上便利で、有利な第二言語は何かをもっと考えるべきだと思います。ただし、希少価値という有利さもありますから正解があるわけではありません。

さて、わたくしが今18歳で大学1年生だったら、英語に加えてどの言葉を選ぶでしょうか。中国語を勉強して、中国の古典を読みます。

日本の置かれた位置を考えると、今、世界で漢字文化圏といったら、(香港・台湾を含む) 中国と日本です。歴史的には韓国やベトナムなどもそうでした。ご存じのように中国語は北京語、上海語、広東語など方言の域を超えた言語が存在していますが、これを束ねているのが標準語の北京官話（マンダリン）と漢字です。中国本土では簡字体が用いられていますが、香港や台湾では今も繁字体が用いられています。中国語を学ぶためには簡字体を学ぶ必要がありますが、同じ漢字です。西欧人が漢字を覚えるのに比べれば何ということもないと思います。

発音が大変ということを日本人が中国語を学ぶときにいいますが、これはどの外国語を学ぶときも同じだと思います。漢字文化圏で同じ古典を共有していることは、とても重要です。

わたくしの手許に中国の高校生の副読本だという「唐詩三百首」がありますが、使われている漢字は繁字体が多く、日本人が使う漢文の教科書とほぼ同じです。字体は違っても、筆談は可能です。実際、わたくしも中国で筆談をしたことがあります。王維の送別の詩を隣席の中国高官に書いて見せたところ、びっくりされました。

渭城朝雨浥軽塵　客舎青青柳色新
勧君更盡一杯酒　西出陽関無故人

この詩は高校の頃、漢文の時間で習ったものです。古典を学ぶということも、国際コミュニケーションにとっても重要なことだと思います。わたくしのころは、漢文の授業がありましたが、今はなくなってしまったのが残念な気がします。

英語力とともに身につけたい情報通信リテラシー

将来を担うビジネスパーソンにとって、英語の次に必要なリテラシーは何でしょうか。それは、今、一番変化が激しい情報通信（ＩＣＴ）リテラシーです。システムのことは「餅は餅屋」、専門家に任せればいいという経理・財務担当者の方々が少なくとも団塊世代前後の世代では大多数でした。「ＩＣＴの専門家は会計がわからない、会計の専門家はＩＣＴがわからない」と、晩年のＰ・Ｆ・ドラッカーが嘆いたのは２０００年のはじめです。２００２年邦訳『ネクスト・ソサエティ』（上田惇生訳、ダイヤモンド社）には、こう書いてあります。

「会計とコンピュータ・サイエンスは別の専攻である、両者の間に交流はない。そのうえ、両学科ともほとんど情報を知らない人たちによって率いられている。会計システムは税務当局の要求にくわしい人たちによって、データ処理はハードウエア出身の人たちによって、率いられている。いずれも情報そのものについては、何も知らない。この２つを連動させ統合させなければならない。ただし、その方法はまだ不明である」

この鋭い指摘からすでに20年が経とうとしている中で、これからの日本企業の管理部門を担う若い人たちには、会計リテラシーに加えて、ＩＣＴリテラシーと情報リテラシーを身につけていただきたいと思います。幾何級数的に進化するＩＣＴ・ＡＩ技術をフォローするのは、若いスマホ世代の役目です。この世代が世界についていけるかどうかで、日本の行く末が決まるといっても過言ではありません。組織のトップはもとより、中堅幹部の果たすべき役割は、先端技術について語るべきものをもっている若手の意見に耳を傾けることであって、前例踏襲を旨とする役人道・サラリーマン道は捨てるべきです。

ところで、日本の経営者がＩＣＴシステムの話は専門家に任せようという考え方になったのが、電算機の導入がはじまった１９６０年代後半以降でした。この伝統は、多くの企業で今も続いています。このことが、日本経済の根幹を揺るがしかねないということに、まだ多くの経営者は本当のところ気がついていません。ＩＣＴ戦略こそ経営戦略そのものになっているのが、Ｇ７のみならず、中国を含めたG20諸国の現実です。

ボストン・コンサルティング・グループ日本支社を設立し、初代代表をつとめたアベ・グレン氏が、日本企業の強さは、「年功序列」「終身雇用」「企業内組合」の三種の神器にあると喝破したのが、１９７０年代の終わりですが、これは電算機化以前にこそ有効なものだったのです。電算機化も、その後のＩＣＴの急速な進化と変化への対応も、日本は欧米とは別の道をたどりました。

２０１９年3月26日の『日経新聞』にこんな記事がありました。

「統計不正は（厚労）省内でも長年にわたり見過ごされてきた。毎月勤労統計のシステムは60年前に生まれたプログラム言語『コボル』で書かれている。１９９０年代初めに稼働し、小幅な改修を重ねたが、不正がはじまる直前の２００３年に省内でコボルを操れる職員はたった2人だった。
コボルは、ＩＴ（情報技術）業界で10年以上働く30代男性が『民間で使うエンジニアを見たことがない』と話す古い言語だ。厚労省でも使い手が１～２人の状況が続き、係長以下がシステム改修の実務を担い、課長ら幹部は関与しないことが常態化した。調査対象を勝手に減らした２００４年、統計上必要な復元加工するシステム改修は施されなかった。手が回らなかったのか、そもそも計画がなかったのか。当時の担当者はすでに亡くなり、真相は不明だ」

プログラム言語「コボル（ＣＯＢＯＬ）」は高齢者世代にとっては、懐かしい言葉です。最近はほとんど死語になっていると思い、日経電子版で記事検索をしたら、９件ヒットしました。その中にはインターネットイニシアティブ（ＩＩＪ）の鈴木幸一会長が連載されている経営者ブログの２０１６年10月４日に、左記の一節がありました。まさに日本企業の人事政策を端的に表す正鵠を射た指摘です。

「新入社員として採用した人間は、ほとんどの場合、終身雇用制によって、解雇ができない。仕事面で考えると、必要のない社員も雇用を続けないといけない。もともと職務によって採用したわけではなく、組織の一員として入社を受け入れた人間に対し、職務うんぬんで解雇に至るのは筋が違うという話なのかもしれない。職務によって採用したのであれば、その職務が必要なくなれば、その人間もいらなくなるわけで、企業としては、解雇するのが妥当であるという常識的なことが通じないのが日本である。

システムの世界でいえば、世界のコボルエンジニアの過半数が日本にいるというのも、象徴的です。解雇という解がないために、膨らむコストの帳尻合わせに利用されるのが、非正規従業員ということになる。コストカットという目標が了解事項である以上、非正規従業員の収入は少ない。また、高い能力をもつことで、正規従業員となるより、はるかに高収入をえられるような専門的能力を身につけた非正規従業員も少ない」

1967年、住友銀行の第一次オンライン化の最中に入行したわたくしは、支店での移管作業の手伝いをしましたが、これからは電算機の時代なのだという実感があって、NHKのフォートラン（コボルと同時代のプログラム言語）入門講座を視聴した記憶があります。もう50年以上前のことですが、当時から日本のメインフレーム・メーカーは、日本IBM、富士通、日立、NEC、そしてユニシスで、今も変わっていません。50年以上業界地図に大きな変化がないのは驚きです。

わたくしの2回目のニューヨーク駐在は1986年～1998年の12年間でしたが、この間にメインフレーム全盛の時代からオープンシステム（分散処理）へと大きな変化を遂げました。インターネットの普及などの通信技術の発展もあって、1990年末のアメリカは、ついにICTバブルを引き起こすまでになります。

1980年代後半から1990年代にかけての日本はといえば、不動産バブル崩壊という激動の中にあって、メインフレームは生きながらえました。その堅牢性・信頼性が日本企業の風土にマッチしたのかもしれません。東海の孤島に恐竜が生息していて、クラウド時代への対応を遅らせているというのは、笑い話にもならないでしょう。

先日、ニューヨーク時代に一緒に働いたICTの専門家Y君と話をしました。論点は3つです。

まず、IBMのメインフレーム関連売上は、三菱UFJフィナンシャルグループ（MUFJ）がアメリカ航空宇宙局（NASA）を凌《しの》いでいること。次に、メガバンクはそれでもメインフレームに執着していますが、それは系列のメインフレーム・メーカーを倒産させないためであり、日本の金融業界のICTコスト、ひいては経費率を欧米の銀行対比で非常に高くしている（しかも、そのICTコストの8割はメインフレーム周辺の保守費用に充てられ、新規の業務対応は2割。欧米は保守費用は2割）。この状況が続くと、ますます日本はICT後進国になる。これは、金融業界だけの問題ではないだろうということです。

次に話題になったのは、メガバンク3行や大手証券会社のシステム開発は、相変わらずメインフレーム志向が続いていますが、その開発プロセスも時間がかかりすぎている点についてでした。オープンシステム化計画を8年かけて実施するというのは、陳腐化の早い業界では、本来バカげています。しかも経営トップのICTリテラシーの欠如と社内稟議プロセスに問題があって、小田原評定になっています。証券業界のほうがまだましですが、事前説明（レクチャー）をICTリテラシーのない経営陣に行う時間コストは、非常に大きいのではないでしょうか。

結果として、日本全体の金融コストは欧米をはるかに上回り（金融資本市場の世界的な競争力を失い）、日本全体の間接部門の労働生産性を押し下げています。そのコストは結局、金融サービスを利用する個人・企業の負担となっています。インターネットの場合と同じで、金融業界でも世界の常識、日本の非常識がまかり通っているわけですが、ガラパゴス化が進行していることの原因の1つには、金融庁・マスコミの姿勢にもあるとわたくしは考えています。システム障害を大きく取り上げて糾弾する風土が、日本のICTコストを膨らませている面があるからです。

さらに苦言を呈せば、昔からの手法にこだわるICTの専門家という上司が、一番の問題だったりします。技術進化のスピードが著しく早まっている今、ICTについては素人でも常識的で頭のよい上司のほうが、ことの本質が見えていることが多いのです。ただし、これは日本のシステム全体の問題です。世界の常識に合わせないと競争できないでしょう。オープン化にしても、パッケージソフトの導入にしても、オフショアリングにしても同じことがいえます。

一人ひとりが磨くべき「ICTリテラシー」

もともと日本は、ICT後進国だから蛙跳び（Leap Frog）のチャンスがあるかもしれません。発展途上国が固定回線電話時代というステップを超えて、いきなり携帯電話時代に飛んだように官公庁についていえば、常識的でことの本質を見抜けるマネジメントと、若い世代に期待するしかありません。行政改革は、ICT予算制度と入札制度の見直しからすべきではないでしょうか。

1つ付け加えたいのは、ここでいうICTリテラシーとは、エクセルやワードを使いこなし、パワーポイントを駆使して会議用のスライドを上手に作り上げる能力ではないということです。わたくしは古い人間ですから、基本的にパワーポイントの世界になじみがありません。B4の用紙に過不足なく、情報を書き込むことに情熱を燃やした世代です。当時は字数を考えてきれいな字で、B4を埋める能力のある若手が重宝されました。数表やグラフも同じでした。

住友銀行の経営会議室には、メンバーの席の前に朱肉と一緒にソロバンが置かれていて、数表に「その他」の欄がないものは、はねられました。「その他」がないと、ソロバンが入れられないからです。作表のごまかしは許されなかったというのは、古き良き住友銀行の伝統でした。時代は進んで、カルビーの取締役会もパワーポイントを使った資料が全盛になりました。

ところで、わたくしが一度、NGを出した案件があります。それは、海外進出案件の投資リターン

（ＩＲＲ／内部収益率）の数字でした。カルビーにはＩＲＲの目標があり、スライドの上ではＩＲＲに問題がないと、担当執行役員は説明しました。

しかし、途中で追加投資があり、投入資本額が変わるという計画だったので、わたくしは「5年間のＩＲＲをどう計算したのか」と質問したところ、担当執行役員は立ち往生。わたくしは、「エクセルの原資料を次回、提出してほしい」とお願いしました。きれいなスライドにはどこかウソがある、というのは長年の経験の賜物です。マッキンゼーと長く付き合ってきたことの成果だったのかもしれません。80年代の半ば、まだエクセルが一般的ではなかったころから、マッキンゼー流作表術のきれいさに見慣れてきましたから。

担当役員はＩＲＲの計算の基本を理解していなかったのでしょう。部下がエクセルのＩＲＲ計算ツールに数字を入れて出したものをパワーポイントのスライドに、もっともらしく掲載しただけだったのかもしれません。結局、この案件は2度にわたって提案されながらも、取締役会を通らなかったと記憶しています。まさに、ＩＣＴツールを使えるのと、ＩＣＴリテラシーとは別物なのです。

覚えておきたい基礎知識

COLUMN 03 スマホの演算能力・記憶能力は20年前の1000倍へ

製造・生産の長期傾向を知る指標「ムーアの法則」から

2016年6月に国際協力銀行（以下、JBIC）の総裁に就任して、毎日「総裁ブログ」を社内にアップしはじめました。JBICをこれから担うスタッフの参考になればという思いからです。その中の1つ「ムーアの法則」（インテルの共同創業者、ゴードン・ムーア氏が唱えた大規模集積回路〈LSI IC〉）の製造・生産における長期傾向について論じた指標について、次のように説明しました。

「日進月歩という言葉そのままにコンピュータの性能が、進歩し続けています。1チップに搭載されるトランジスターの数が、18カ月から24カ月で倍になるというムーア博士（インテルの共同創業者）の予測が、50年後もおおむね達成されています。身近な例でいうと、携帯電話の価格です。今、わたくしがもっているスマホの演算能力や記憶能力は20年前の1000倍（2の10乗）くらいになっていますが（一番よくわかるのは携帯カメラの画素数）、価格は倍くらいでしょうか」。

わたくしがソニーに転職した頃（2000年）には、社内で「ムーアの法則は限界にきているか

図表2-2　ムーアの法則

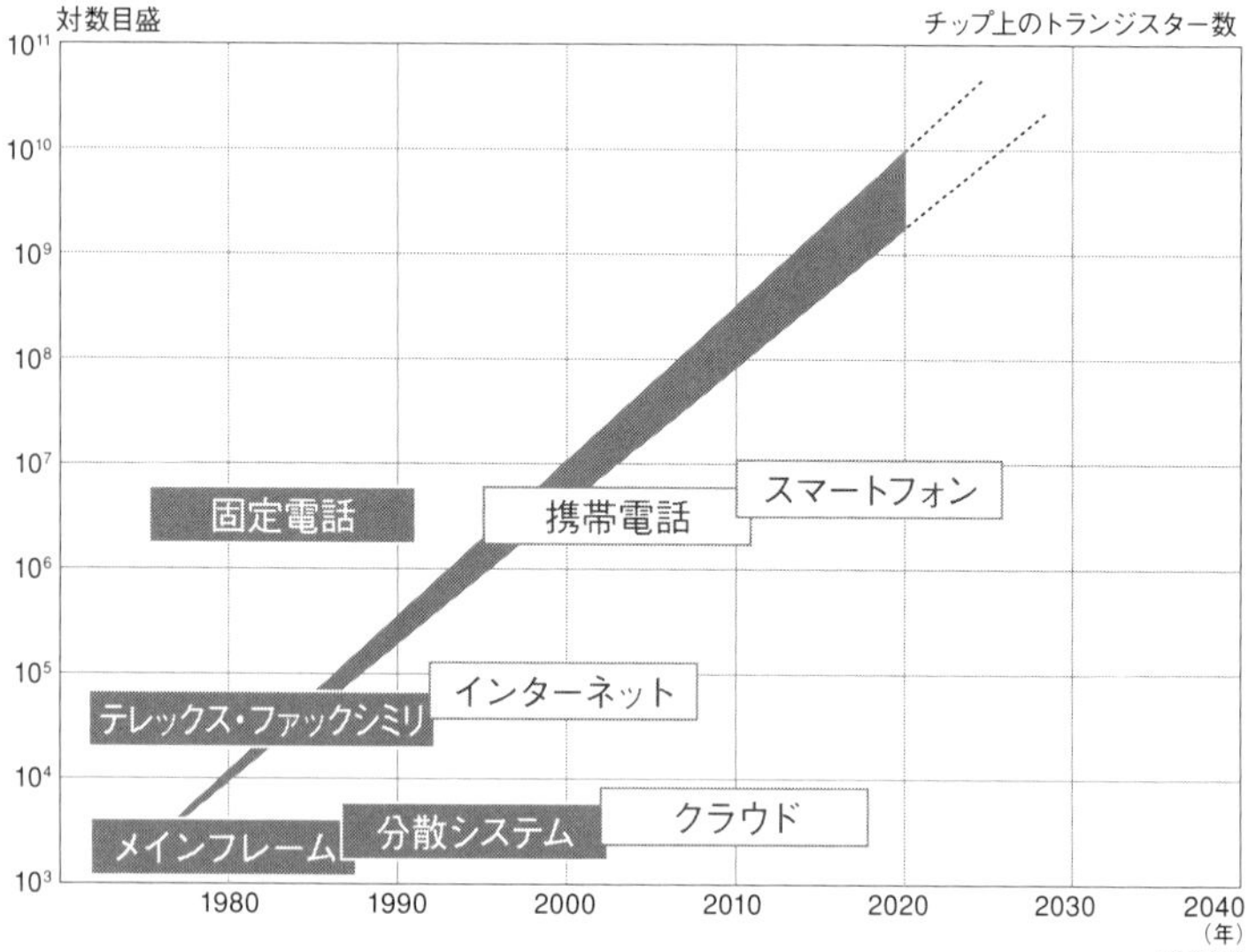

著者作成

どうか」が真剣に議論されていました。つまり、これ以上、半導体の機能向上はムーアの法則通りにはいかないのではないかという疑念です。

図表2-2は対数グラフですので、実数のグラフより縦幅が非常に圧縮されています。網掛け部分はチップ上のトランジスター数の実績値の幅を示しています。見ていただくとわかるように、1チップあたり10百万個（10^7）を超えるあたりから実績値の振れ幅がかなり大きくなり、大勢は網掛けの下限近くまでスローダウンしていました。しかし、2016年には10億個（10^8）を超えています。この間に100倍、集積度が増した計算です。

ムーアの法則によると、性能が同じなら

2年で価格は半分。価格が同じなら2年で性能は倍になると、当時は説明されていました。これを実感できるのは、パソコンの性能アップや液晶テレビの価格ダウンでした。

ＪＢＩＣの基幹システムの刷新プロジェクトは２０２０年完成ということですから、その頃にはパソコンの性能は4倍上がっていた計算になります。ムーアの法則は、２０１８年まではは確実に大丈夫ともいわれていました。その先は、開発コストの上昇が問題となるという話もあります。

集積度10の10乗の世界の行き着く先はシンギュラリティ（技術的特異点）です。つまり、人工頭脳が人間を超えるところに入ります。これから10年先を想定したシステム開発が必要だと思いますが、ムーアの法則の先行きに確たる正解をもっている人はないと思います。

現状から考えると、まだ、10の10乗の世界は見通せないのかもしれません。最近では2ナノ半導体の開発のニュースや、量子コンピュータ開発分野での日米共同研究のニュースをわたくしは興味深く読んでいますが、若いビジネスパーソンには、このような動きに敏感であってもらいたいと思います。

子会社はリーダーシップを学ぶ大切な場所

日本では総じて、アントレプレーナーシップ（起業家精神）が育たないのはなぜか。リーダーシップはどうやって磨けばいいのか。組織内のリーダーは、年功序列で選ばれるという固い壁をどうしたら破れるのでしょうか。さまざまなアプローチがあると思いますが、わたくしが伝えたいことは、若いうちは社内に閉じこもらないで、海外を含む広い世間を見るべきだということです。

明治時代の官民のリーダーの多くは、「洋行帰り」でした。昨今、若い世代が海外留学をあまり希望しない、あるいは、希望しても学資がないという状況は決していいことではありません。企業からの留学生も減少していると聞きます。ソフトバンクの孫正義さんやユニクロの柳井正さんが、財団を設立してから返済不要の海外留学奨学金を出しているのは、とてもすばらしいことだと思います。

小中学生の夏休み短期留学を支援する草の根NPOもあります。欧米諸国に中国人留学生が溢れかえっていて、日本人留学生は絶滅の危機にあるといっても過言ではありません。広い視野をもった若い世代のエリートを育成することが急務です。リーダーは養成するものではなく、自ずと育つものなのですから、大企業はもっと大きな視点から社会貢献の一環として人材を送ればよいのです。留学させてもすぐ辞めてしまうのは問題だ、などといわないことでしょう。

また、経営者を育てる最適な場所の1つに子会社の社長というポストがあります。本社からできるだけ遠く離れたところ、たとえば、海外のあまり大きくない子会社がベストです。伝統的な日本の大企業の人事では子会社社長というのは、社長を目前に退任した本社役員の上がりのポジションか、本流の出世コースから外れた人材の派遣先だったりしたのですが、そのトップのポジションは次世代の経営者を育てるのに大変、役立ちます。子会社のヘッドは、たいていの場合、有能なスタッフをもたせてはもらえませんから、直接部門から間接部門の細部まで自分で眼を配らなくてはいけません。そのうえ、当然ながら持続的な業績発展のために何をしなければいけないかも、自分で考えなければなりません。大企業の出世コースにいて、縦割り組織のなかでの社内競争をしていればいいというわけにはいかないため、OJT（訓練）に最適の場所といえます。

同じように、社内ベンチャーのプロジェクトリーダーというのもよいアイデアです。ただし、従来の本社組織から完全に独立させる必要があります。失敗したら失職するというノーリターン・ルールが必要かもしれません。

冒頭で紹介したソニーの2人のCEO平井さん、吉田さんは子会社のヘッド出身です。平井さんはアメリカプレステのヘッドからの抜擢で、本社から遠い存在だったため、従来のしがらみにとらわれず思い切った「選択と集中」策が取れました。吉田さんは前にも述べたように、わたくしがソニー入社を決めたとき、出井さんの秘書でしたが、その後、SONETのヘッドを長く務められました。

自分の値札（値段）を知ろう

日本企業とつきあいの多い海外の人から、「日本の組織は責任者（リーダー）がどこにいるのかわからない」と、よくいわれました。2000年代初頭の日本の状況を理解するための的確な書である『日本経済 不作為の罪』を日本経済新聞社の滝田洋一氏が上梓されたのが、2002年です。バブル崩壊後、永田町はもちろん、霞が関も大手町（経団連・大手銀行）も何ら有効な手立てを講じられなかったのです。結局、最終的に、銀行セクター救済のためにGDPの25％（100兆円）もの不良債権処理コストを官民全体に負わせたことは、ある意味では民主主義のコスト（雇用削減への反対意見→大企業を破綻させることへの抵抗→雇用確保）だったともいえます。「それは違う！　衰退産業は潰れればよい！　新しい産業へ」という声は、経団連からも経産省からも聞こえてきませんでした。

ひと言でいえば、「日本株式会社」のリーダーシップが欠けていたということです。経済団体のヘッドが、衰退産業（重厚長大製造業）のトップで占められていたことが多かったことを考えると、これは無理もないことです。国際競争力をとっくの昔に失ったか、国内保護産業（たとえば、製鐵会社・電力会社など）が日本の産業政策を霞が関と一緒に決めていては、うまく機能するわけはないのです。昔（30〜40年前）の成長産業のリーダーが寄る年波にもかかわらず、経済界のリーダーであっていいわけはありません。過去のパターン、つまり、困れば官頼みという国内論理では、急速に変化する世界についていけないのは当然です。

インドネシアにＧｏｊｅｋ（ゴジェック）というベンチャー企業があります。２０１０年にインドネシア人でアメリカブラウン大学卒、ハーバードビジネススクールを出てマッキンゼーに3年ほど勤めたナディム・マカリム氏が20人のＯＪＥＫ（インドネシアのバイク・タクシー）ドライバーたちとスタートさせた会社です。それがスマホアプリを軸に宅配から決済まで18のサービスをインドネシア全土に展開。数年前に話を聞いたときには、１８０万人のＯＪＥＫドライバーを雇用する一大産業になっていました。ベトナムでも「Ｇｏ Ｖｉｅｔ（現在はＧｏｊｅｋ）」サービスを開始、シンガポールやタイへの進出も計画中で、想定時価総額９０００億ドルという超大型ユニコーン企業に育っています。

本格的に海外からの出資を受け入れだしたのは２０１５年からですが、出資者の顔ぶれをみると、ＫＫＲやグーグル、そして中国のテンセントと錚々たる顔ぶれです。日本からも楽天が早い時期に出資、最近では三菱商事も出資を決めていますが、そのシェアは残念ながらごくわずかです。

ユニコーン企業とは、評価額10億ドル以上の非上場、設立10年以内の大型スタートアップ企業をいいます。調査会社（CB Insights）によると世界のユニコーン企業は、５００社に達しています。内訳はアメリカが２４２社で最も多く、１１９社の中国が続き、米中で70％を占めているとのこと。日本にはメルカリが上場したあとは、４社が存在するのみで11位（２０２０年11月26日、日経新聞）です。

政府はベンチャー企業育成に躍起ですが、霞が関・大手町・丸の内の壁は厚く、なかなか育っていかないのが現実のようです。そもそもベンチャー企業育成の主役は民間の投資家であるべきで、政府主導というのは悪い冗談です。政府は若いベンチャー起業家を育てる土壌を築くことに専念すべきだと思います。わたくしたちが若かった頃、1970年から1980年代にはベンチャーキャピタルは日本にはほとんどなく、大きな組織の構成員にとってのキャリアを変える機会は、技術をもった中小企業か外資系企業への転身でした。

石田さんは外資系会計事務所に比較的若いときに転じ、わたくしは結局30年間、同じ組織（住友銀行）に在籍することになりました。転身はその後のことになりますが、銀行在職中も、日本のメーカーや外資系金融機関から何度もお誘いを受け、その都度、真剣に考えました。

外資系の魅力は何といっても、昔も今もその報酬（ペイ）です。転職の誘いを受け考えることのメリットは自分の値札（値段）がわかることです。ある意味で客観的に自分を見る機会があるということだと思います。ベンチャーキャピタルの魅力は、「先行投資」の魅力です。信じて惚れた仕事に打ち込むという幸せです。

わたくしが40歳前後で事情が許せば（手許に3年間無給でもぎりぎり生活できる蓄えがあれば）、やってみるかもしれません。人生100年時代に1つの組織で働き続けることのほうがむずかしいのですから。もしわたくしが50歳前後でも同じことです。実際、今、いろいろなステージのベンチャー企業のお手伝いをしていますが、もう少し知りたくも思います。

覚えておきたい基礎知識

COLUMN 04 リベラルアーツの学びがビジネスに役立つのは本当か

考えを体系化、判断に幅をもたせることに役立つ教養

大きな流れで見ると、1956年から17年間、平均9・1％の成長率を記録した日本経済の高度成長は1973年の固定相場制から変動相場制に移行したことで終焉を迎えました。そして、1968年には国民総生産（GDP）で西ドイツを追い抜き、第2位に躍り出ています。

その後、日本は安定成長期に入り、1991年まで成長が続いています。細かく見ると、1980年代後半から1990年代初頭までのバブル景気とその崩壊をへて1989年、昭和天皇が崩御し、年号が昭和から平成に変わりました。それと軌を一にして、平成の30年間、日本経済は低迷し、低成長にあえいだ時代といってよいでしょう。

ただ悪いことばかりではありません。この間、収益構造も変わりました。完成品を輸出して利益をあげるだけでなく、高度成長時代に行った海外投資が果実を生むようになり、海外子会社からの配当収入が増加しているのです。今や海外事業の比率が50％を超える企業も少なくありません。自己資本比率は高く潤沢なキャッシュも、もっています（もしかしたら、ためこみすぎて

キャッシュの使い道がわからず、もてあましているのではありませんか)。

講義や研修で学生さんや新入社員の皆さんに、バブルとは何だったのか、それがいかにすごかったのか、聞いてもほとんどの人が知りません。物心ついたときにはデフレで経済が低迷し、明るい話を聞かない中で、育っているからです。

このように時代環境が大きく変化した中、将来、日本経済と日本企業を背負っていかなければならない「新しい時代のビジネスパーソン」となる皆さんに何が必要なのか。そのベースになるプラットフォームについてお話しします。

まずは、教養(常識といってもかまいません)とは何かについて、もう一度勉強することです。次に歴史書を読み、自分自身の考え方に深みをもたせることが必要です。そうすることで企業人としての「5つのビジネスリテラシー」が生きてきます。

皆さんは大学時代の最初の2年間、教養課程で何を学んだか覚えていますか。自慢にもなりませんが、わたくしはほとんど覚えていません。覚えているのは10分くらい大教室に顔を出し、隣の友人に出席票を提出してくれるように頼んで教室を抜け出し、4年間所属していた体育会ワンダーフォーゲル部の部室に行って仲間と時間をつぶすか、体力をつけるために皇居の周りを走っていたというようなことばかりです。

学生時代、年間の3分の1くらいは仲間と山に登っていました。なぜ、あのとき、もっとまじめに教養課程を勉強しておかなかったのかと思うと赤面します。教養（リベラルアーツ）とは、「絶えず自分で学び続け、創造していけるような基礎的学力である」と、何かの本に書いてありました。直接、仕事と関係のない事象に興味をもち、知識の幅を拡げていくことだと思います。具体的には哲学、歴史、文学、地理、音楽、美術などです。また、学びの過程で本物に触れることの大切さも重要です。感性が磨かれるからです。

自分が本当に教養の足らない人間だと身に染みて感じたことがあります。1989年から6年間、アーンスト・アンド・ヤングという大手会計事務所のロンドン事務所で、欧州ジャパンビジネスの統括者として駐在していた頃のことです。

あるとき、イギリス人のパートナーとパブでお酒を飲んでいると、彼らは仕事の話はあまりせず、話題の中心はローマ史やギリシャ文学、そしてラグビーの話ばかり。日本の歴史について聞かれ、ほとんど何も話せず、顔から火が出るほど恥ずかしかったことを覚えています。イギリスは日本の大学と違い、大学に入る前に「Aレベル」という教養課程を経て、専門課程に入り3年間を過ごします。学生時代には専門課程だけでなく、実学よりもローマ史、ギリシャ哲学などを優先します。日本のように大学に入ってすぐに就職活動に取り組むことはしません。

入学が決まってからイギリス独特の「Gap・Year」という入学前の休学制度を使って、1年間にわたりボランティア活動をしたり、海外でヒッチハイクをしたりする学生もいます。

イギリス人が難局にぶつかってもなかなかへこたれず、精神的なタフさを発揮するのは、この「Ｇａｐ・Ｙｅａｒ」の存在が大きく影響しているのではないかと思ったりします。

卒業後、社会に出て初めて、リベラルアーツの重要性に気づきました。仕事とは直接関係のない分野の知識を深めることで、自分自身で価値判断する下地がつくられ、自らの知的好奇心を追及する姿勢が養われるのではないでしょうか。最近は、自分の頭で考える姿勢と、生涯にわたって続ける継続的な努力が豊かな人生につながるのではないかと思っています。

歴史は知識の宝庫、先人の知恵に学ぶ

「愚者は経験に学び、賢者は歴史に学ぶ」という言葉があります。19世紀後半、プロイセンおよび帝政ドイツの政治家でドイツ帝国をヨーロッパ有数の強国に仕立て上げ、鉄血宰相と呼ばれたビスマルクの言葉です。彼の考えは明治政府が採用した、富国強兵政策のモデルとなりました。「歴史に学ぶ」、つまり、その意味するところは個人の経験などは量的にたかが知れている、歴史は知識の宝庫である。先人の知恵に学べという教えです。

前述のリベラルアーツと同じで、学生時代は、ほとんど興味がありませんでした。中学生の頃、畑の肥やしにもならない、年号のみを覚えさせるという無味乾燥な日本の歴史教育がそうさせ

たのかもしれません。歴史が好きになったのは、社会人になってからです。乱読の癖があり、今でも同時に複数の本を読み続けています。最近は、感情的になじめず、最後まで意図的に避けていた昭和初期から敗戦の昭和20年までの軍国主義時代に、やっと手をつけはじめました。

ところで、歴史を読むとき、注意しなければいけないことがあります。歴史は勝者の記録であることです。わたくしたちは、コインの両側に注意を向けておく必要があります。経済学者・思想家・作家であり、「ヨーロッパ最高の知性」と称されるジャック・アタリが2008年に書いた『21世紀の歴史』を再度、読み出しました。最初に読んだときに気づかなかったことを発見できるとよいのですが。

CHAPTER

03

なぜ、経理部門でない人が会計を学ぶのか

会計リテラシーで論理的思考力を養う

あなたは新聞記者や機関投資家から、自分の会社の経営成績や財政状態について聞かれたら、とっさに答えられますか。自分が働いている会社の財務経理情報を第三者に簡潔明瞭に伝えられることはビジネスパーソンとしての必須条件です。そのためには会計的思考力が必要です。

会計的思考力を養うためには簿記の基礎を学び、財務諸表を通して会計の知識を習得するのが最も近道です。財務経理部門のスタッフや会計士のように会計的専門的知識をもつことではなく、会計の基本を理解し、数字をベースに企業活動を把握し、財務諸表を読めるようになっていただきたいのです。なぜ、財務諸表なのか。財務諸表は企業の経営成績や財政状態を表すのに最も適しており、唯一の外部報告手段であるからです。

ビジネスパーソンとして経営に参画しつつある皆さんは、自分が担当する部門に責任を負っていればよいという「部分最適」の考え方だけでは不十分です。グループ全体の連結経営成績や財政状態、将来の見通しなどについて常に頭の中に入れておき、必要に応じてアウトプットしていくこと、即ち「全体最適」の観点から会社を俯瞰しておくことが求められます。財務諸表をどのように読み解いていくか、それは14世紀にヨーロッパで興ったルネッサンスの経済発展を支えた「複式簿記という技術」を理解することです。そして財務諸表を通して会社の健康診断ができるようになればしめたものです。それではビジネスパーソンとして必要な「5つのリテラシー」の1つである「会計リテラシー」を身につけるためのポイントをお話ししましょう。

財務諸表に「事業の現実を知る」ヒントがある

企業の経営成績および財政状態を表す唯一の情報は財務諸表です。だからこそ、マネジメントとして、企業を俯瞰するために会計リテラシーを身につけておくことが必須となるのです。共著者の近藤さんは、会計リテラシーの必要性について、こんなことをいっています。

「『なぜ、会計リテラシーが必要か』という本源的な問いについて、わたくしは娘にこう諭しています。まず、親に扶養されている間は小遣い帳、独立したら家計簿をきちんと管理できない人間には、商売（ビジネス）はできない。昔からソロバンがはじけない商人《あきんど》はありえなかった。ソロバンをはじくというのは、物理的にはじく能力ではなく、お金を管理、活用する能力のこと。これは商人がビジネスパーソンと呼ばれるようになっても同じこと。政治家も役人も基本的には同じだ」。

ソロバンをはじく前提は現金収支の管理。小遣い帳が管理できないなら、お小遣いは渡せないということです。改めていうまでもありませんが、財務諸表を読みこなすこと、それはマネジメントにとっての必要条件です。財務的センスを磨くことの重要性について、カプコンのオーナーであり、CEOの辻本憲三さんがいわれている言葉があります。

・経営者の責任は変化する時代を読み、常に新しい投資をかけていくことである。
・数字を見ていれば、問題の所在がわかる。
・人の言葉よりも数字のほうが正確に問題を見ることができる。
・言葉だけだと、説明上手な者と下手な者とで事象の見え方が違ってしまう。
・問題は早めに、そして集中的に手当てする。
・修正のきかないところまで行ってしまう問題は抱えないこと。
・必ず押さえておかねばならないのは、無茶と無理をしないこと。

経営のプロといわれる人で、財務諸表に疎い人はいません。これは断言できます。わたくしは、この7つのポイントを読んだとき、辻本さんが現役でいる限り、カプコンという会社はつぶれないだろうと感じました。ただ、留意しなければいけないのは、会社が決算後、有価証券報告書で開示する財務諸表の数値は過去情報であることです。株主やアナリストにとっては有用かもしれませんが、経営者としてはそうもいきません。毎期、事業計画を立て、月次単位で予実分析をし、予算に対して実績はどのくらい差があったのか、その原因はどこにあるのかを見つけ、目標が未達であれば次の四半期ではどんな手当てをするか、予算達成に向けて、どの分野にいくら経営資源をつぎ込むか、リスクをとって判断していかなければなりません。

いったん決めた予算はめったなことでは動かしてはいけないのですが、時と場合によっては原予算を修正する必要があるかもしれません。辻本さんが「経営者の責任は変わっていく時代を読み、常に新しい投資をかけていくことである」といっているように、数字（取引）は常に動いています。財務諸表は「作成して開示すれば終わり」ではありません。次のステップ、すなわち予算管理への基礎データとなることを忘れてはならないのです。

不正会計事件でわかった数字の大切さ

年次決算の記者発表のとき、決算報告をすべてCFOに丸投げするCEOと、CEO自らの言葉で決算を総括し、今後の事業戦略を報告してから、具体的な数値をCFOに説明させるとでは、その評価はまったく違います。後者のCEOのほうが評価の高いのはいうまでもありません。なぜならば、財務数値を基に自分の言葉で、経営戦略を話せる経営者だからです。思えば、バブル崩壊前の高度成長期、日本企業の経営者の役割はある意味、シンプルでした。

今日のように、個人株主のことも外国人機関投資家のこともあまり気にする必要がありませんでした。実質的な大株主であり、ガバナンス機能も担っていたメインバンクの意向を考えていればよかったからです。今では考えられないことですが、事業会社に移って間もないころ、決算数値がほぼ固まると、経理部長を連れてメインバンクの担当役員におおよその着地点を説明するために出向いていました。双方、阿吽の呼吸で意見交換をしていたのです。

こういった体制下での経理部長の期末決算の役割の1つは、トップからの指示である「利益をもう少しなんとかせい！」という必達目標に、会計技術を駆使して対応することでした。そして、部長をサポートする経理部のスタッフは会計処理の変更は可能か、会計上の継続性に問題はないのか、特別損益を計上するのであれば、損益計算書のどのラインに組み入れるのかを考え、監査法人の先生と落としどころを見つけることでした。

そこには、グループ全体を表す連結財務諸表を使って戦略的観点から連結財務諸表をどう使いこなすかといった発想はありませんでした。決算はあくまで親会社単体が主体であり、付属資料としての連結財務諸表は親会社から分離させた子会社を数字上、単純加算するといった程度の意味しかなかったのです。しかし、2004年、西武鉄道による有価証券報告書の虚偽記載など、財務諸表に絡む不正会計事件が頻発しました（この時期、似たような事件が読売新聞や小田急電鉄でも起こっています）。

こういった不祥事を契機として、現在は上場企業が発行する有価証券報告書においても連結情報（連結財務諸表）が主であり、個別情報（単体財務諸表）を従とした記載内容に改められています。そして親会社の単体財務諸表は単なる参考資料としての位置づけになっています。やっと正常な状態に戻ったのです。

それではここで、皆さんが会計リテラシーを磨くための基礎知識として知っておいてほしい財務諸表のベースにある会計基準についてお伝えしましょう。なお、以下はすべて連結財務諸表がベースになっていますのでご承知ください。

会計リテラシーを磨くため、財務会計の本質を知る

わたくしは監査法人で公認会計士として25年近く会計監査に関与してきました。１９９５年、縁あって事業会社に転籍し、以後25年間、ＣＦＯもしくは監査役として仕事をしています。この間、多くの経営者と接する機会をえました。彼らはたとえ製造部門であろうと、営業部門であろうと、その出身母体に関係なく、経営のプロと呼ばれる人は「数字を通して会社を見る技」をもっています。おそらくビジネスパーソンとして仕事をしていく中で、財務諸表を理解することの重要性に気づき、財務的センスを磨く努力をしてきたのでしょう。

会計には「相対的真実性」という原則があります。会計は「4÷2=2」というような整数の回答がない世界ですから、「一般に公正妥当と認められた……」という定義があるのです。会計処理には白と黒が明確になっている部分だけでなく、白黒がはっきりしていない部分（のりしろ）があると考えてください。

たとえば、新たに購入した有形固定資産の減価償却費を計算するために、合理的な耐用年数を見積る必要があります。この機械は何年間もつのか、使い方により千差万別です。そういった中で耐用年数を決めなければ、減価償却費の計算はできません。おおよそ15年から20年の間が合理的であると見積もることができる場合、15年にするか20年にするかで償却費の大きさが違ってきます。答えは1つではないのです。どちらをとっても間違っていません。「相対的真実性」と呼ぶ所以《ゆえん》です。ただし、この原則を担保するために「継続性の原則」があり、いったん決めた会計方針は合理的な理由がない限り、変更してはいけないのです。

取締役会や経営会議に出席していてわかることは、ＣＦＯが月次財務報告をしているとき、異常点を見つけ出し、積極的に質問するＣＥＯと、そうでない人がいることです。もし、前者のようなＣＥＯが取締役会にいれば、よい意味で緊張感が生まれ、他の取締役も財務的センスを磨かざるをえなくなります。財務経理についてＣＦＯに任せっきりのＣＥＯだといわずもがなで、単なる報告会にすぎない緊張感のない取締役会になってしまいます。

会計基準とは、会計処理及び財務報告書における法規範です。会計基準そのものは国が制定する法律ではありませんが、慣習法として法体系の一環を成す規範であり、すべての企業活動のベースになるものです。

「会計は一箇所に収斂《しゅうれん》する」という言葉があります。かつてのソ連をはじめとする社会主義国家を除き、欧米や日本のような資本主義国家において適用されている会計基準は、国もしくは地域によって違っていました。米国基準、国際財務報告基準、日本基準……などなどです。「会計は一箇所に収斂する」とは、それらの基準が時の経過と共に差がなくなってくるという意味です。ヒト、モノ、カネが国境を超えて動き、企業活動の結果が会計という「ものさし」で作成され、財務諸表として表現されていく以上、そうなるのは必然といえるでしょう。

具体的にいえば、売上高という収益は実現主義に基づき認識され、収益を獲得するための原価や費用は発生主義によって計上されます。一方、資産に関しては資産性の有無を確認し、減価償却費や減損損失を通して費用化され、負債に関しては網羅性に基づく計上、債権の貸倒リスクに対する適正な引当金の計上など、統一したルールに基づき処理されていくのです。これが会計基準と呼ばれるものです。

日本の会計基準はどこへ向かうのか

バブル崩壊後の2000年代初頭、それまでは税法の考え方をベースに成立していた日本の会計基準の世界にも「会計ビッグバン」と呼ばれる国際化の波が押し寄せてきました。すなわち、日本の会計基準を国際財務報告基準（IFRS）などの国際標準に収斂させるための一連の作業がはじまりました。そして、2005年にはEU域内において、IFRSが強制適用されたこともあり、金融庁は2010年3月期から上場企業など一定の要件を満たす企業に対し、IFRSの任意適用を認めました。高度成長期から一部の国際企業に対して認められている米国基準を加えると、3種類の基準が認められることになったのです。

さらに、企業会計基準委員会はヨーロッパ主導で策定されたIFRSの日本への適用をよしとしない一部の人たちの声を反映して、「修正国際基準」と呼ばれる日本独自の基準を作りました。こういった経緯を経て現在、4種類もの連結財務会計基準が存在しています。すなわち、

①税法の流れをくむ従来からの日本基準。
②かつてアメリカで資金調達を行おうとしたことのある、一部多国籍企業が適用している米国基準。
③EUを中心に影響力を拡大してきた国際財務報告基準（IFRS）を適用している企業。
④政治的色彩を強く反映している思われる修正国際基準。

この4つです。なぜ、このような混乱状態になっているのか。別の視点で見ると、利害関係者間の主

張を「足して2で割る」日本的プロセスが、こういった中途半端な結果を招いたといえるのではないでしょうか。

それでは、このような混乱状態がはじまって、ほぼ10年経過した現在、上場企業による実際の適用状況はどうなっているかを見てみましょう。２０２０年9月現在、３６７１社ある東証上場企業のうち、国際財務会計基準は２３４社、米国基準は11社、修正国際基準はゼロ、残りの３４２６社は伝統的な日本基準を適用しています。会計基準の与える影響を見るため、会社数だけでなく、時価総額で比較してみましょう。

特徴的なことは企業数で見るとＩＦＲＳ適用企業が６・４％、米国基準適用企業は０・３％、合計６・７％しかないのに、時価総額ではそれぞれ41・７％と５・６％、合計47％と、ほぼ半数に近いです。この違いは何を意味するのか。理由はいろいろと考えられますが、これら２つの会計基準適用会社が日本経済をリードする国際的多国籍企業であるということです。

誤解を恐れずにいえば、今後、ＩＦＲＳ適用企業は増加する傾向が続くでしょう。これらの企業の競争相手は外国企業であり、比較可能性のあるＩＦＲＳが最も適しているからです。ＩＦＲＳへの変更手続きの煩雑さや導入に際してコンサルタントに支払う報酬が高いので躊躇している企業もありますが、世界の競合と戦っていくには、どこかで乗り越えなければならないハードルです。

高度成長期を通して日本は長い間、世界第2位の経済力を維持してきましたが２０１０年、ＧＤＰで

図表3-1　東証上場企業会計基準別一覧表

2020年9月1日現在

名前	企業数※1		時価総額※2		主要企業
	社数	%	兆円	%	
IFRS適用企業	234	6.4%	255	41.7%	トヨタ、伊藤忠、ソニー 日本たばこ、日立など
米国基準適用企業	11	0.3%	34	5.6%	オリックス、 キヤノン、野村証券など
修正国際基準 適用企業	0	0.0%	0	0.0%	
日本基準適用企業	3,426	93.3%	322	52.7%	上記以外 （含む：金融機関）
合計	3,671	100.0%	611	100.0%	

※1：データは日本証券取引所グループのWeb Siteから引用　※2：時価総額は変動しているので概数として認識のこと

日本証券取引所グループリポートより著者加工

中国に抜かれ、第3位に転落しました。気がついてみたら、日本の経済力は中国の40%前後になっています。もちろん、品質を加味した生産性をみれば、相変わらず日本の製造業は世界でトップクラスです。

ジャパンブランドはまだまだ健在です。近い将来、品質において中国に負けるとは思いませんが、もはや経済規模で世界の工場と呼ばれるようになった中国を抜き返すことはないでしょう。

一方、会計的視点で見ると、かつて日本が経済大国といわれた時代でさえ、日本の会計基準は国内のみで通用するローカル基準で終わってしまいました。東京の資本市場が国際化されず、世界のお金を吸収し、再配分するだけの金融総合力がなかったからです。

前にも述べましたが、会計は一箇所に収斂する性格をもっています。どこに収まるのか一概にいえませんが、現在の延長線上で考えれば、国内マーケット主体の企業は伝統的な日本基準を続ける一方、すでに収益の過半数を海外取引に頼っているグローバル企業は海外の競合と戦っていくためにも、汎用性がある国際財務会計基準を適用するという、二極分化がはじまると見ています。

アメリカの覇権と凋落を会計視点で見る

会計基準は、その国の経済力と連動しているといっても過言ではありません。

第二次世界大戦後、長い間アメリカは経済的にも軍事的にも圧倒的な強さを誇り、世界経済の中心的な役割を果たしてきました。いわゆるパックスアメリカーナの時代です。この間、アメリカの経済力と基軸通貨としてのUSドルを背景に、USベースと呼ばれる米国会計基準（US GAAP）が世界をリードしてきました。多くの外国企業はアメリカという巨大なマーケットで自社の製品を売るため、そしてUSドルによる資金調達を行う必要がありました。ニューヨークの証券市場への上場を目指したのです。

これらの企業は米国証券取引委員会（SEC）の承認をとるため、米国会計基準による連結財務諸表を作成し、当時ビッグエイトと呼ばれた大手米国系会計事務所の監査を受けていたのです。日本にも証券取引委員会（日本版SEC）という組織がありましたが、歴史的にも能力においても大きな差がありました。しかし、1960年代半ばから本格化したベトナム戦争への介入、イラン・イラクをはじめとする中近東諸国への関与などがUSドルの流出を招き、覇権国家としてのアメリカの地位が次第に揺らいでいきました。

その後、1990年から2000年にかけて、国内における産業構造に変化が起こります。即ち、アメリカの製造業は工場を人件費の安い海外の発展途上国に移し、代わって金融・IT産業が主流を占めるようになったのです。この時期、「米国製造業の衰退」が話題になりました。そして2007年のリーマンショックをきっかけに、アメリカは「ものづくり」を経済効率性だけで考え、急速に中国をはじめとする新興国へ移しました。

結果として、ものづくり大国でもあったアメリカ自身の力は相対的に弱くなったのです。来るものは拒まずという大旦那の風格をもっていたアメリカに、かつてのような圧倒的な強さは見当りません。ただ、現在でもアメリカは経済規模において世界のトップであり、USドルが世界の基軸通貨であることは変わりません。ウォール街はいまでも世界の資本市場の中心です。

ただし、外国企業にとって資金調達の手段が多様化したのと、中国が世界の工場に成長したため、資金需要も東アジアに移りつつあります。経済力においてアメリカが唯一のスーパーパワーでなくなってきたのです。そして2007年、アメリカは外国企業に対して、米国会計基準（US GAAP）だけではなく、国際財務会計報告基準（IFRS）の適用を許容するようになりました。

アメリカの証券市場で注目された中国の不正会計問題

最近、アメリカの証券市場で話題になっていることがあります。ナスダックに上場している複数の中国企業で、不正会計が発生しているというものです。たとえば、スターバックスの中国市場における競合であるラッキンコーヒーが3億ドル以上の売上の水増しを行ったのではないか、検索大手の百度《ばいどう》が買収を計画していた歓聚集団の関係会社であるライブ配信サービス「YY直播」が、ユーザー数や収益の水増しをしているのではないかなど、いくつかの中国企業による不正会計疑惑がメディアを賑わしています。

中国企業のナスダック上場にあたり、BIG4（PwC、EY、KPMG、デロイトトーマツ）をはじめとする大手の監査法人（もしくは提携している中国の現地事務所）が、アメリカの監査手続きに準じて監査をしているはずなのに、なぜ、こういった粉飾が見逃されたのでしょうか。アメリカには公開会社会計監視委員会（PCAOB）という機関があります。SECの監督下で上場企業を担当している会計事務所の検査監督をする役割を担っています。日本の公認会計士監査審査会に相当する組織です。今回の問題は不正会計疑惑にＰＣＡＯＢが担当監査法人による監査手続きの開示を中国当局に求めましたが、「海外の機関であるＰＣＡＯＢが中国に本拠を置く監査法人の審査をすることは認められない」との理由で、拒否されたというものです。

かつてニューヨークに上場を目指す日本企業は「郷に入っては郷に従え」との言葉通り、巨額の監査報酬を支払いながらも米国基準の財務諸表を作成し、当時、ビッグエイトと呼ばれた大手会計事務所による米国基準の監査（ＵＳ ＧＡＡＳ）を受けてきました。

そのことが事実だとすれば、上場した後に粉飾という会計不祥事が発覚したのですから、担当会計監査人の監査が甘かったといわれても抗弁できないでしょう。うがった見方をすれば、アメリカの主幹事証券会社と証券当局（ＳＥＣ）は中国という巨大市場に目がくらみ、監視が甘くなってしまったのではないかと勘繰りたくもなります。今回の問題が不正会計疑惑にある以上、中国の会計事務所は進んでアメリカのＰＣＡＯＢの審査を受け入れるべきです。

なお、当然のことですが、かつて大英帝国がパックスブリタニカと呼ばれる覇権国家であったころ、シティのルールが世界金融のルールであったように、戦後長い間、ウォール街が世界のルールでした。今回の会計不祥事が発生した背景には、アメリカの覇権国家としての力が落ち、相対的に米国ＳＥＣによる証券管理体制が弱くなったことの証左かもしれません。

ちなみに前記2社はこのスキャンダルの後、ナスダックの上場リストから外れています。ラッキンコーヒーは上場廃止が確定していますが、ライブ配信サービス「YY直播」は、上場廃止になったのか、百度に買収されて非公開のなったのか定かではありません。

これから世界の会計基準をリードしていくのはどこか。

共産党の一党独裁による国家資本主義という異形の経済大国となっている中国の存在を抜きには考えられませんが、しばらくは、米国基準であるUS GAAPとIFRSが並列して進んでいくでしょう。はっきりしていることは、今のまま、中国の会計基準（あるとすればの話です）が、世界をリードしていくことはありません。自由市場経済と密接に連動している会計基準は国家資本主義経済には根本的になじまないからです。もちろん、中国がアメリカにとって代わり、覇権国家になり、唯一のスーパーパワーになれば別ですが。

世界の会計基準が向かう先は？

会計ビッグバンを通して、戦後長い間、世界の会計基準をリードしてきた米国財務会計基準審議会

（FASB）に対抗して相対的に力をつけてきたのが、ヨーロッパを中心に会計基準の統一化を図ってきた国際会計基準審議会（IASB）です。そしてIFRSも頭角を現してきたのです。

US GAAPがルールベースと呼ばれる細則主義を採用している一方、IFRSは原則のみを定め、あとは企業の判断に任せるという原則主義（プリンシパルベース）を採用しています。それぞれ長所・短所があり、どちらが優れているか一概に判断できません。しかし、企業経営者が頭から爪先まで細かく規則に縛られる傾向の強いルールベースよりも、自主性を許容しているプリンシパルベースのほうがなじむのではないかと考えるのは、自然な流れでしょう。

2007年、ニューヨークの証券市場（SEC）で外国企業にIFRSの適用を許容したのをきっかけに、日本の証券市場でも2016年当時、22社あった日本のUS GAAP適用企業は2021年3月現在、野村証券をはじめとした11社に半減しています。一方、IFRS適用企業は231社に増加しています。

日本でIFRSが任意適用になってほぼ10年が経ちますが、この間、米国基準からIFRSに変更した企業はトヨタをはじめとして11社です。アメリカのSECがIFRSを認めたこと自体が、米国会計基準の相対的な弱体化を表しているといってよいでしょう。世界の会計基準の主流は、まだまだ米国基準が続くでしょうが、IFRSがじわじわと力をつけていくものと思われます。

職域を超えて理解しておきたい簿記と会計の基礎

簿記と会計の違いについて話しましょう。

簿記のことを英語で「Book Keeping」と呼びます。多種多様な企業活動を仕訳という形に変換し、会計帳簿に記録していく技術や手続きのことを簿記とよびます。一方、会計は「Accounting」とよばれ、簿記でまとめられた「試算表」をベースに目的別に財務書類（損益計算書や貸借対照表など）を作成していきます。つまり会計という家の土台部分が簿記で、この土台なくして会計という家は建たないと思ってください。①まず土台である「簿記」の基本を話し、土台を理解した後、②次に建屋（会計）である財務諸表について話します。

(1) 複式簿記とは何か

まず、みなさんが日々行っている企業活動のすべての取引を両面、即ち1つの取引を「借方と貸方」という2つの側面でとらえます。それを「仕訳帳」に転記し、そして一定期間の取引のすべてを「試算表」に集計していくというのが「複式簿記」の原理です。15世紀、イタリアの数学者で修道僧でもあったルカ・パチョーリによって複式簿記の方法論が体系化され、ヨーロッパの産業革命の発展に大きく貢献したといわれています。日本にも大福帳という簿記の技術があって商人の債権・債務管理に貢献したそうです

図表3-2　8つのルールと16の組み合わせ

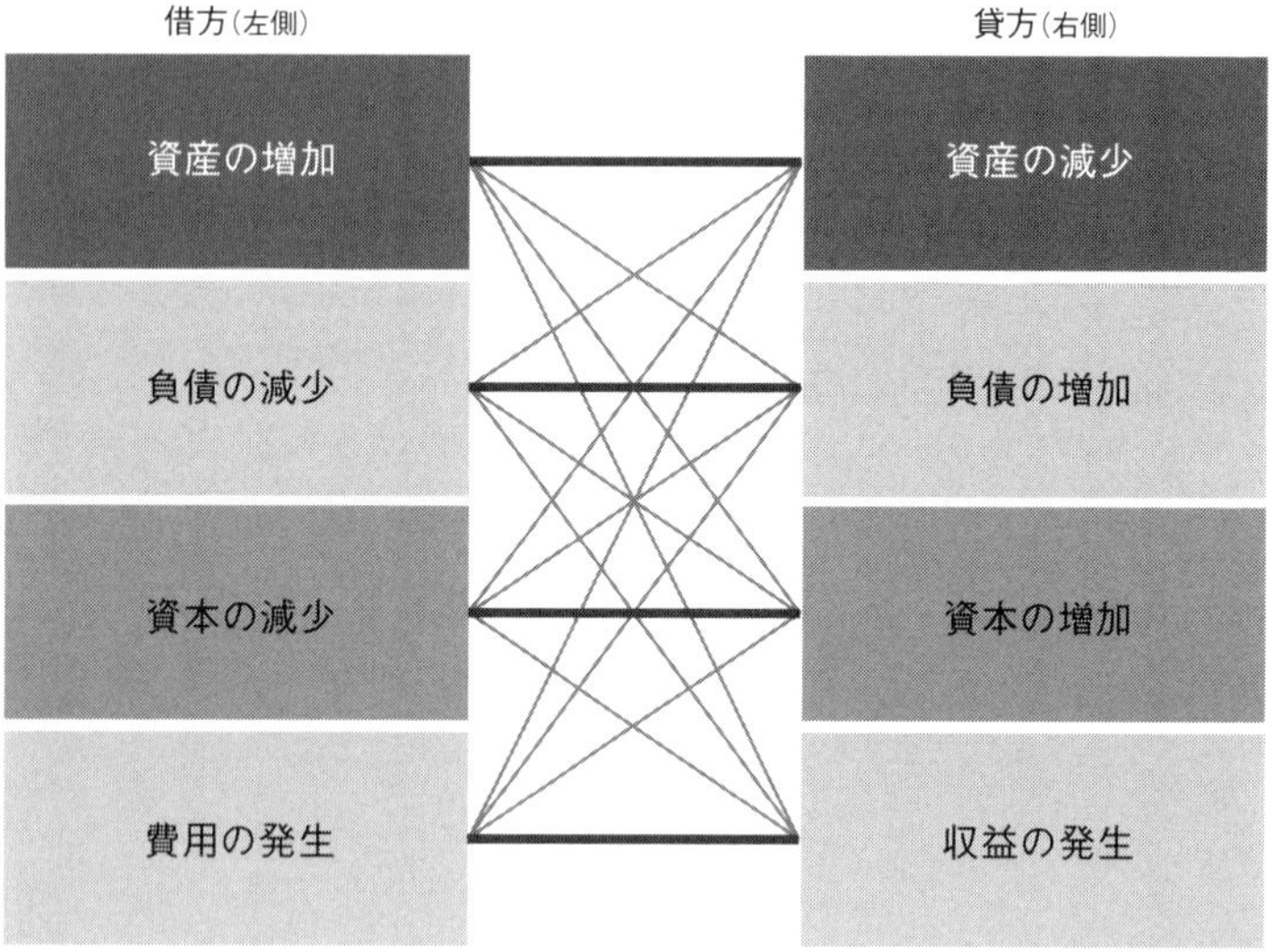

著者作成

が、取引を両面でとらえるイタリア発の複式簿記と違い、収支のみを記帳する単式簿記の域を出ていなかったそうです。

すべての取引は図表3-2の通り、「8つのルールと16の組み合わせ」で表現されます。「借方・貸方」という簿記の専門用語は無理に理解しようとせず、「右と左」と覚えてしまってください。そのうちわかるようになります。英語の「Debit／Credit」も同様です。

複式簿記を理解するにあたってのポイントは次の通りです。

- 勘定科目を覚えること（例：資産＝現金、預金、棚卸資産など）。
- 仕訳のルールを覚えること（8つのルールと16の組み合わせ）。原則、これがすべてです。

図表3-3　会計残高試算表（例）

合計残高試算表			（2020年12月31日）単位：円	
借方残高	借方合計	勘定科目	貸方残高合計	貸方残高合計
2,000,000	2,500,000	現預金	500,000	
400,000	500,000	売掛金	100,000	
700,000	800,000	棚卸資産	100,000	
12,000,000	12,000,000	建物		
10,000,000	10,000,000	機械		
	5,000,000	買掛金	400,000	400,000
		借入金	8,000,000	3,000,000
		資本金	30,000,000	30,000,000
		売上	15,000,000	15,000,000
15,000,000	15,000,000	仕入		
8,000,000	8,000,000	販売費・一般管理費		
300,000	300,000	支払利息		
48,400,000	54,100,000		54,100,000	48,400,000

借方合計と貸方合計は必ず一致

借方残高と貸方残高は必ず一致

著者作成

・企業取引だとむずかしいので、家計簿に置き換えると理解しやすくなります。

・例：給与をもらい普通預金に預けたという取引は、「借方：普通預金（資産の増加）／貸方：給与収入（収益の発生）」というように仕訳されます。

・仕訳を見て取引の内容を把握できるようになれば、しめたものです。

会社では日々、膨大な数の取引が発生します。これらの取引を一定のルールに当てはめ、仕訳と呼ばれる伝票を起票し、12カ月という期間すべての取引を勘定科目ごとに集計したのが試算表と呼ばれる図表3-3です（簿記という土台の最終形といってもよいでしょう）。この試算表が起点になって財務諸表と呼ばれる会計の世界

図表3-4　財務書類の相互関連図

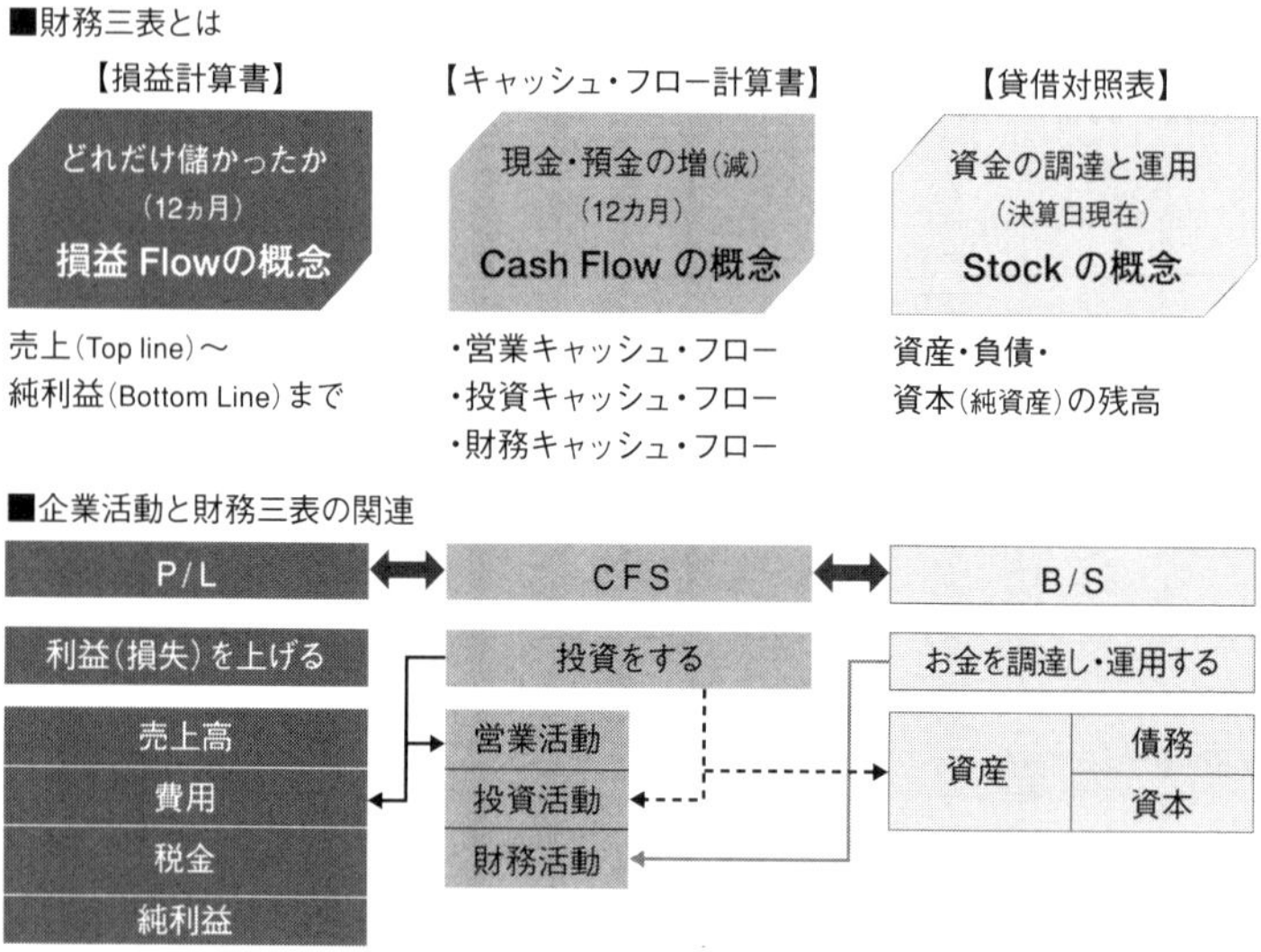

著者作成

に移っていくのです。なお、年間の取引量（仕訳）は膨大な量になりますから、機械（コンピュータ）で行われるのは当然です。

(2) 財務三表とは何か

試算表から展開される財務諸表とは、それぞれ目的の違う財務データの集合体のことを指します。図表3-4の通り、それぞれは純利益を鍵にして密接につながっています。

繰り返しになりますが、企業取引（事業活動）のすべてが「仕訳」という複式簿記のシステムで記録され、その結果が「試算表」という取引の集計表にまとめられ、目的別に財務三表と呼ばれる3つの財務書類（損益計算書、貸借対照表及びキャッシュ・フロー計算書）に組替、作成されていきます。

図表3-5　損益計算書の構図

■損益計算書：売上高 から純利益までの5つの利益

収益	費用
売上高	
	売上原価
(1)　売上総利益	
	販管費
(2)　営業利益	
	営業外損益
(3)　経常利益	
	特別損益
(4)　税引き前当期利益	
	法人税等
(5)　純利益	

縦の流れ　トップからボトム

著者作成

取引の発生を仕訳でとらえ、試算表に集計し、財務諸表を作成するという極めて完成されたシステムなのです。

18世紀、ドイツの詩人で自然科学者でもあるゲーテは、「簿記こそ人間の精神が生み出した最も美しいものの1つであり、芸術である」といっているほどです。

(3) 損益計算書とは何か

損益計算書（PL）は、企業の1年間（12カ月）の業績（損益）成績をフローで示した表です。売上高（トップライン）からスタートし、売上原価、販売費及び一般管理費を差し引いて営業利益を把握し、そこから営業外損益、特別損益をプラス・マイナスし、税引き前利益を算出し、法人税等の税金費用を控除して当期純利益（ボトムライン）を確定します。

損益計算書上で示される利益は図表3-5の通り、5種類の利益から構成されます。売上高（トップライン）からはじまって一番下の純利益（ボトムライン）に到達するようになっています。損益計算書は「上から下への流れ」で理解してください。

誤解を恐れずにいえば、経営管理上、売上高から営業利益までが事業現場の責任範囲であり、それから下、すなわち営業外損益から純利益までは財務経理部門の守備範囲といってよいでしょう。損益計算書を読むときに必要な財務指数は売上高の成長率、売上原価率、営業利益率、販管費比率、実効税率、純利益率などです。これらの指数を時系列、および競合の数値と比較分析することが重要です。

組織改革のカギが隠されている貸借対照表

貸借対照表は、企業の一定時点（通常は決算期末日）での財政状態、すなわち資産、負債及び資本（純資産）の残高を示した表です。読んで字のごとく貸方（右側）でどこから、いくらのお金を調達したか、借方（左側）でそのお金をどこで運用（もしくは使途）したのかを表しています。

図表3-6　貸借対照表の構図

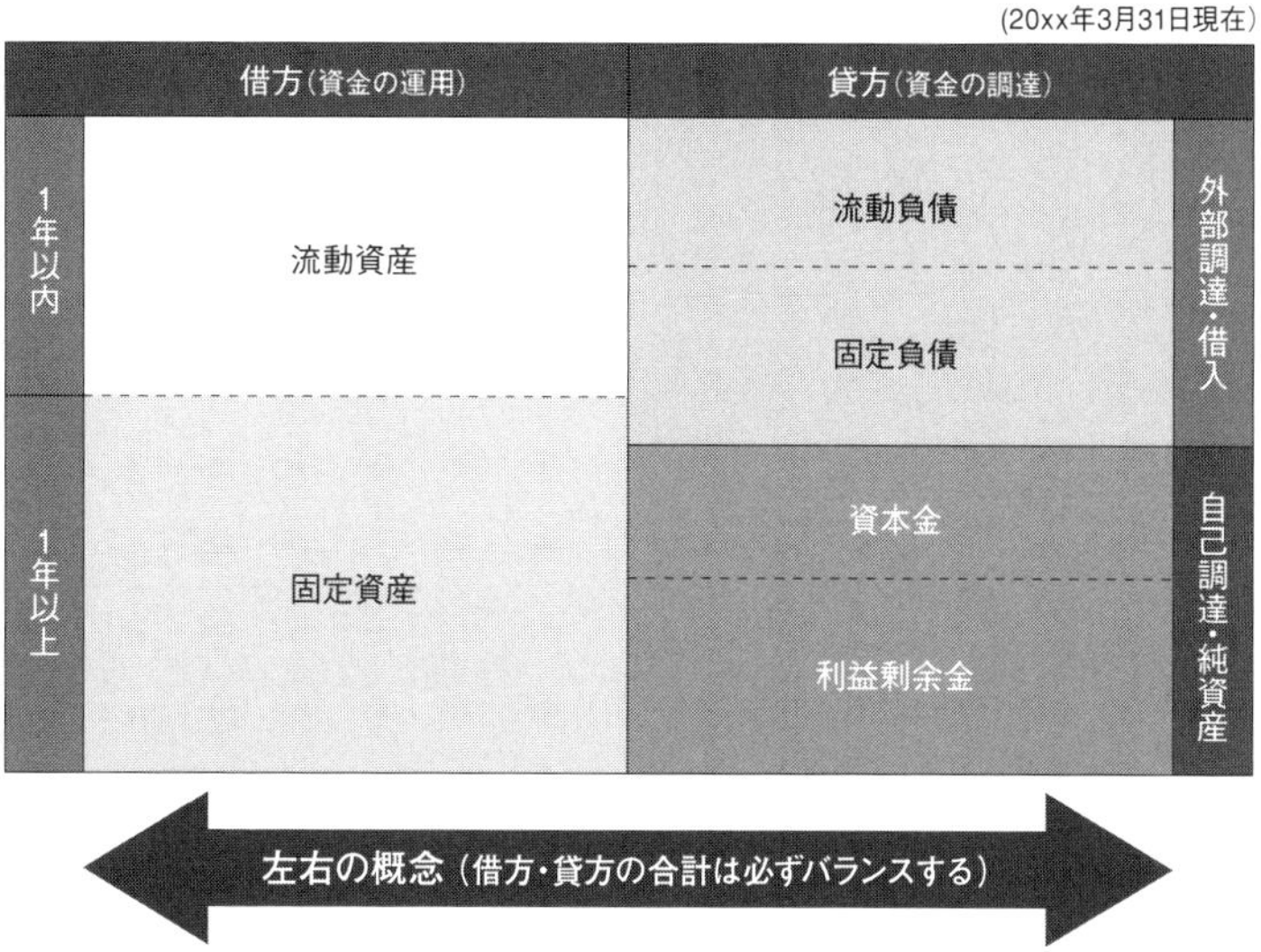

著者作成

貸借対照表（BS）は損益計算書のようなフローの概念ではなく、資金の調達と運用の残高を示しているため、ストックの概念といえます。右側（貸方）はどこから資金を調達したかを示し、左側（借方）は調達した資金をどのような資産の購入（運用）にあてているかを示します（図表3-6）。

右側の調達サイドは、銀行などから借入れた債務と、株主から調達した資本（自己資本）から構成されます。資本は株主から払い込まれた資本金と、当期末までの利益の累計である利益剰余金からなっています。左側の運用サイドは現預金や売上債権、棚卸資産のような流動資産と建物や投資のような固定資産から構成されています。

簿記というシステムは、借方と貸方の合計は必ず一致するように組み立てられています。これがバランスシートと呼ばれる所以《ゆえん》で、調達と運用という左右の概念といえます。注意しなければならないのは過去の利益の集積残高が「未処分利益剰余金」として自己資本の一部を構成していることです。これは将来、株主への配当原資になります。

貸借対照表を読むときの重要なポイントは、現預金（手元流動性）の残高、棚卸資産（在庫）、流動比率、固定資産回転率、減価償却の進捗度、自己資本比率、総資産回転率などを見ることです。最近、財務諸表を使う投資家やアナリストは短期の業績に目がいく傾向があり、どうしてもPL中心になりがちですが、BSの中にも多くのヒントが含まれていることを忘れないでください。

かつて松下電器産業（現パナソニック）が苦境に陥ったとき、当時の中村邦夫社長が断行した「聖域なき改革」のサポートをした副社長兼CFOだった川上徹也さんは「PLは業績改善のため、BSは組織改革のためのカギが隠されている」とおっしゃっていますが、非常に含蓄のある言葉です。そこでわたくしなりに川上さんの頭の中をのぞいてみます。

「損益計算書は当期損益の前期比較なり、予実分析を通して翌期の業績改善に役立つ。しかし、貸借対照表はたとえば、固定資産中の資産価値のない有形固定資産や事業に直接関係のない遊休資産を見つけ出し、除却・売却をし、贅肉を落とすことに資する。結果として組織再編、余剰人員の削減にもつながる」といいたかったのではないでしょうか。

企業の真の実力を見るキャッシュ・フロー計算書

キャッシュ・フロー計算書（ＣＦＳ）は制度会計上、財務三表の中で最も歴史が浅く、２０００年３月期決算から上場企業に作成・開示が義務づけられました。損益計算書とは別の観点、すなわち現金収支のフローで企業の資金状況を把握することも必要だと考えられたためでしょう。欧米諸国ではすでに制度化されていたＣＦＳを日本でも会計ビッグバンの流れに押されて制度化したという面も忘れてはなりません。

ＣＦＳは一定期間で現金・預金（キャッシュ）がどのように増減（収支）したかを示しています。損益計算書の引当金のような見積り要素や、現金支出をともなわない減価償却費などは加味せず、事業活動を現金の収支でとらえるため、企業の資金状況、すなわち真の実力を表しています。「会計は認識、キャッシュは事実」という言葉がある所以です。

作成に当たっては、有形固定資産の減価償却費、のれんの償却、貸倒れ引当繰入れ等、キャッシュの動きをともなわない費用を除外（利益に加算）して計算します。ＣＦＳは「営業ＣＦ」「投資ＣＦ」及び「財務ＣＦ」の３つの収支活動に区分して表示されます。

営業ＣＦから投資ＣＦを差引いた残りをフリーキャッシュ・フロー（ＦＣＦ）と呼び、企業が自由に使えるキャッシュといわれています。ＦＣＦの残高は一般的に多いほどよいと思われていますが、必ず

図表3-7　キャッシュ・フロー計算書の構図

① 営業CF Operating Cash flow	本業でどれだけ現預金を稼いだか
② 投資CF Investment Cash Flow	投資にどれだけ現預金を使ったか
Free Cash Flow	企業が自由に使えるおカネ（OCF±ICF）
③ 財務CF Financial Cash Flow	借入金の調達・返済、増資等で どれだけ現預金が増減したか
現預金当期純増減額：④＝①±②±③	
期首現預金増減額：⑤	
期末現預金：⑥＝④±⑤	B/S残高に一致

著者作成

しもそうではありません。営業活動で稼いだキャッシュを投資などに有効に使っていないケース、即ちキャッシュをため込みすぎている場合があるからです。

図表3-7は営業CFをはじめとして、投資CF、財務CFそれぞれの区分ごとに経営管理上、具体的にどの勘定科目に影響を与えるかをまとめたものです。キャッシュ・フロー計算書と損益計算書及び貸借対照表の関連性を理解するうえで役に立ちます。

賢明な経営者はPL・BSだけでなく、CFSを経営の判断基準としています。ぜひとも、この考え方も参考にしてみてください。また、投資計画（Capex）を含む資金管理データとしても重要です。

図表3-8　キャッシュ・フロー（CF）を通しての経営管理

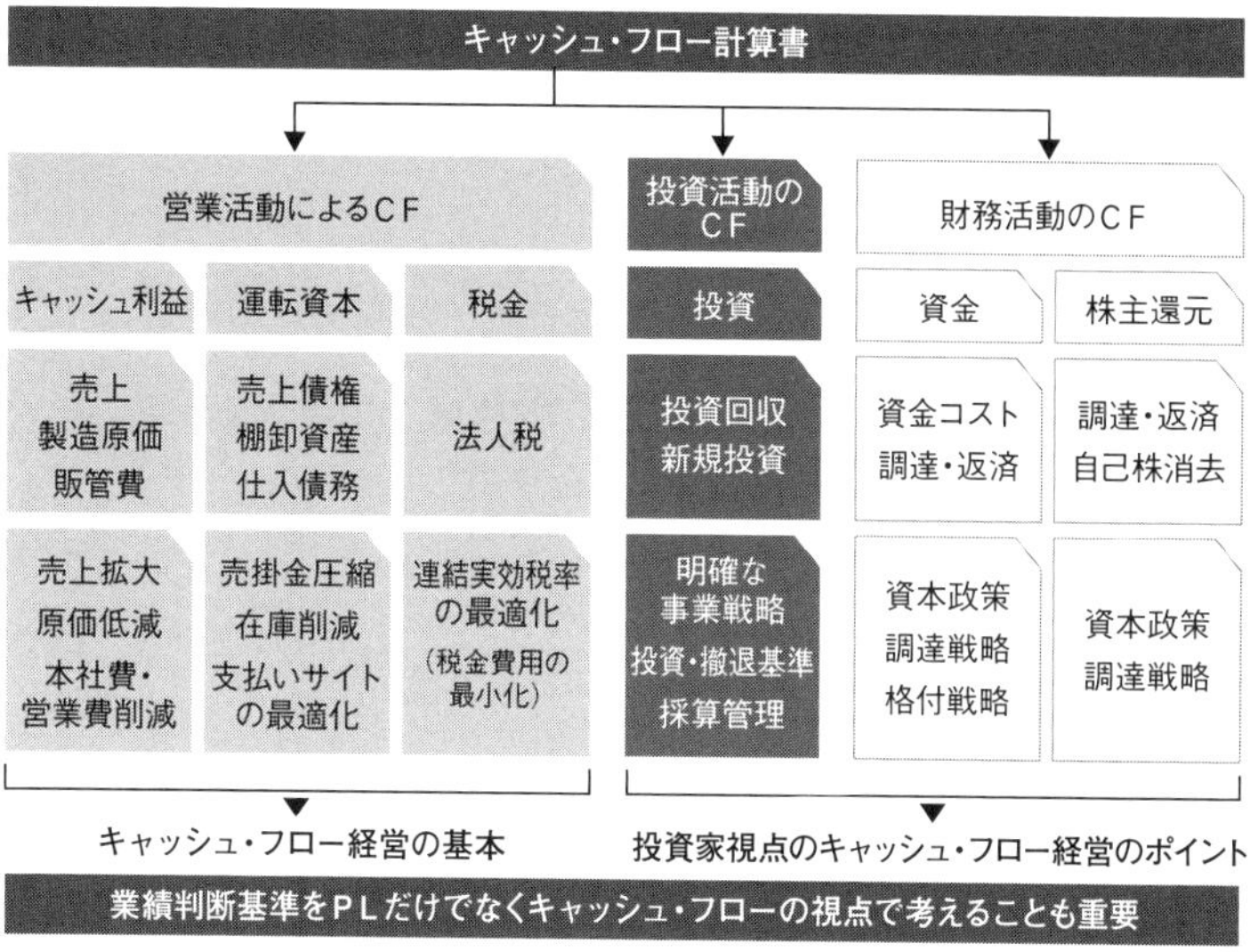

著者作成

経営判断に必要な財務指数を理解する

財務分析は収益性、安全性、成長性などの財務指標を使って行います。主要財務指数を図表3-9、図表3-10の通り一覧表にまとめておきました。ビジネスパーソンとして最低限、この5つの指数を理解し、使いこなしてください。ここで紹介する財務指標以外にも、多くの指標がありますが、この5つを理解しておけば経営会議や取締役会で十分議論に参加できるでしょう。

財務指数とは企業の業績や財政状態を客観的に把握・分析し、経営判断に役立てるものです。まず自社の数値を把握し、業界標準や競合

図表3-9　いくつかのKPI（重要業績評価指標）

営業利益率 OP Ratio	営業利益/売上高	売上に対して どれだけの営業利益を稼いだか
自己資本利益率 ROE（Return on Equity）	当期純利益／ 自己資本（純資産）	株主が提供した資金で どのくらいの利益を稼いだか
フリーキャッシュ・フロー FCF	営業CF ± 投資CF	企業が自由に使える現預金
総資産利益率 ROA（Return on Assets）	営業利益／総資産	すべての資産を使っていくら稼いだか
総資産回転率 T/O（Ratio of Gross Assets）	売上高／総資産	総資産の効率性（売上高が総資産の何倍あるか、回転しているか）、調達した総資本（総資産）の有効活用度を示す

著者作成

との比較分析をし、強みや弱みを認識することからはじめましょう。そのうえで目標となる指標を立てるのです。たとえば、「X３年度までに営業利益率を現在の７％から10％に引き上げる」とします。それを達成するためにヒト、モノ、カネの経営資源をどのように運用していけばよいのか立案し、実行に移すのです。財務指数は経営計画を立てるうえでの重要な指数です。

5つの重要な指数を押さえよう

(1) 営業利益率

売上高の中に占める営業利益の割合が、営業利益率です。予算策定の段階で年間の目標利益率を決めておき、月次の実績がどうなのか、低

図表3-10　主要財務指数と指数例一覧

主要財務指数

名前	計算式	指数例※1	適用
営業利益率 OP Ratio	営業利益 売上高	8.3%	営業利益の売上高に対する比率。 本業でいくら稼いだかを表す。
総資産回転率 TTL Assets Turnover	売上高 総資産	160.0%	総資産の効率的運用の目安。 総資産が1年に何回転したかを表す。 〈この場合、年に1.6回転している〉
自己資本利益率 ROE	純利益 株主資本	10.0%	株主資本がどれだけ利益を稼いだか、 株主視点で自己資本の効率性を測る指数。 〈通常%で表す〉
総資産利益率 ROA	営業利益 総資産	13.3%	企業が保有する総資産を使ってどれだけの 利益を上げたか、総資産の効率性を見る指数。 〈通常%で表す〉
適正在庫 Appropriate Inventory Balance	在庫金額 売上高	2.1%	欠品せず、かつ過剰在庫にならない在庫をいう。 多すぎても少なすぎてもいけない。 〈通常%で表す〉

指数例計算のための財務データ ※1

科目	売上高	営業利益	純利益	総資産	株主資本	棚卸資産
億円	4,800	400	200	3,000	2,000	100

著者作成

ければ原因と打ち手を探し、対策に結びつけます。この指数は月々の利益管理にも便利な指数です。通常、期中の経営会議では売上高から営業利益までの達成率、着地見込みについて議論されます。重要な案件が発生すれば別ですが、営業外損益、特別損益は決算月を除いて議論の対象にはなりません。

また、この比率を業界標準や競合と比較することによって、販売活動や管理活動の効率性、あるいは、マーケティング戦略の違いなども把握することができるでしょう。後述するウオーターフォールチャートを使って営業利益を分析すると、その内容が明らかになります。

(2) 総資産回転率

自社が保有している総資産がどれだけ効率

的に収益（売上）を生み出したか、総資産の有効活用の度合いを示します。回転率を上げるには、売上だけでなく、遊休資産や持ち合い株式といわれる政策投資株式など本業に関係ない資産はなるべく保有せず、総資産全体のスリム化も必要です。

もちすぎた現預金、適正在庫を超える棚卸資産は圧縮することで、回転率を上げることができます。在庫投資という言葉があるように、適正在庫を超えた在庫をもつことは、稼働していない固定資産をもつのと同じです。

もう1つ注意しなければならないのは、売上値引きです。現在は販管費の一部として処理されていますが、指数の計算上、値引きを差引いたネットセールスを分子にもってこなければ客観性を保てません。欧米の会計基準では売上の実体を表すため、とうの昔に「ネットセールスベース」を採用していますが、入札などで売上高を大きく見せる必要性から「Gross Sales」ベースを採用してきました。日本でもやっと、2021年度から売上高は値引き控除後のネットセールス表示に変更されました。

(3) 自己資本利益率

ROEと呼ばれ、企業経営の安全性を示す指数です。株主資本（自己資本）がどれだけ利益を稼いでいるかを示します。株主の立場から経営効率を判断する指数として有効であるといわれています。

高度成長期、日本企業の自己資本比率は欧米の企業と比較して相対的に低いことで有名でした。低くてもやっていけたのは、資金調達を金融機関からの長期借入金に頼っていたからです。実質的な株主であったメインバンクとの良好な関係維持が重要な時代でした。

日本経済が長期低迷に入ってから30年経ちました。この間、日本企業はひたすら自己資本の充実に努め、欧米企業よりも高い自己資本比率を保持している企業も、数多く存在します。

しかし、ROEが注目されるようになって、高度成長期、メインバンクの了解を取りながら、リスクをとって長期的投資を行うことよりも、株主の機嫌をうかがわざるをえない短期志向の経営者が多くなっているのも事実です。

(4) 総資産利益率

ROAと呼ばれ、企業が保有する総資産を使ってどれだけの利益を上げたかを示す指数です。自己資本と他人資本を合計した総資本（＝総資産）を、どの程度、効率的に運用しているかを示す指数です。総資産の回転率を上げることは経営者にとっては重要な責務です。利益の捉え方はいろいろありますが、営業利益を分子に、総資産を分母にして算出するのが一般的です。

ROAは売上高利益率と総資産回転率に分解されるため、これらの利益率、あるいは回転率を上げていけばよいことになります。現在のように低金利の環境では、支払利息以上に営業利益を上げられるのであれば、借金をしてでも投資をすることも選択肢の1つでしょう。

(5) 適正在庫

営業現場では欠品を起こすことはタブーですが、製造現場では在庫を最小限に抑えることが求められます。この二律背反のもとで適正在庫をどこに求めるかがポイントです。適正在庫は扱っている商品の種類、性質、消費期限などから各企業が独自に算出していくしかありません。経営の観点からは、月次在庫の動きに目を向けておく必要があります。ある月だけ残高が突出している場合は、生産と販売の連絡が悪く、物流のパイプが詰まっているとか、大量の返品が発生したとか、現場で何かが起こっているとみてよいでしょう。

(6) ウオーターフォールチャート〈参考〉

マネジメントにとって重要なことは、財務諸表を分析するだけでなく、課題を見つけ出し、経営判断に資することです。分析の仕方は多様ですが、ここでは、利益の分析ツールとして便利な「Water Fall Chart」を説明しておきます。このチャートは見た目が滝のように見えることから、この名前がつけられました。「滝グラフ」とも呼ばれ、財務分析を視覚化したといってよいでしょう。

マネジメントに数字を羅列しただけの分析表を見せても、彼らに注意をも払ってもらえません。視覚に訴えるウオーターフォールチャートで説明することで、興味をもってもらえます。営業利益の予実分析だけでなく、売上原価、販管費の分析など、いろいろな増減分析に使えます。

図表3-11　営業利益の増減分析：対予算比

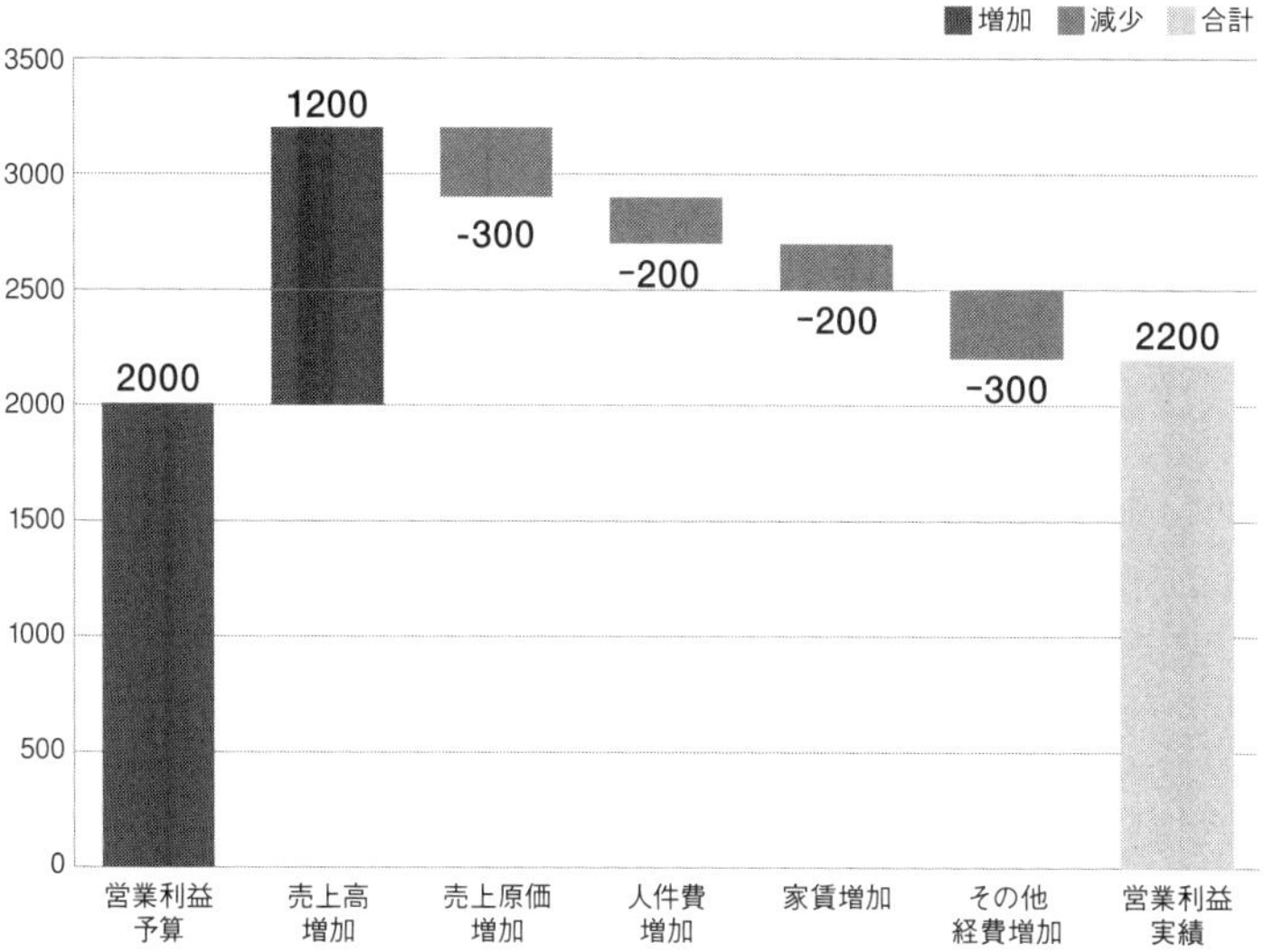

著者作成

それでは営業利益の増減分析をウオーターフォールチャートで表してみましょう（図表3-11）。営業利益予算2000円に対し、実績値が200円増加し、2200円になった場合の科目ごとの予実分析表です。

縦軸に営業利益、横軸に営業利益を構成する科目（売上高、売上原価、人件費、家賃及びその他経費）をとり、科目ごとに増減額を棒グラフで表示したものです。注意しなければいけないのは売上高のような収益科目は増減額がそのまま表示されますが、費用科目は逆になるということです。即ち、売上原価の増加は営業利益の減少として示されます（売上原価の減少は利益の増加）。

それでは具体的に説明します。

まず、2000円の営業利益予算からスタートし、売上高は1200円増加（利益の増加）、売上原価は３００円増加（利益の減少）、人件費２００円増加（利益の減少）、家賃２００円増加（利益の減少）、その他経費３００円増加（利益の減少）、結果として営業利益の実績値が２２００円となります。

覚えておきたい基礎知識

COLUMN 05 平成という30年間の歩みを企業会計から読む

30年前にはあったけれど、今はなくなったもの

平成は2019年に終わり、令和になっていますが、平成の30年間は、「失われた30年」とほぼ重なります。区切りがいいので、同じ時間軸で話します。

先日、旧第一勧業銀行を舞台にした総会屋への利益供与事件を題材にした経済小説『金融腐蝕列島』（角川文庫1997年刊）を読み返しました。高杉良という作家が書いた経済小説で、当時、話題になりました。バブル景気崩壊後の1990年代後半から2000年代にかけての総会屋利益供与事件、不正融資、大蔵省・日銀汚職、メガバンク再編などをテーマとした作品です。今の若い人たちはほとんど知らないと思いますが、当時は株主総会で総会屋と呼ばれる特殊株主が活躍していた時代です。

わたくしは1995年まで会計士として会計監査やアドバイザリー業務に携わっていましたが、いまや随分と様変わりしたというのが、率直な感想です。平成の30年間に会計の観点から企業社会で何が起こっていたかを遡《さかのぼ》ってみるのもよいと思い、そのいくつかを紹介します。

「総会屋」と呼ばれた特殊株主

当時はいわゆる総会屋と呼ばれる特殊株主が活躍する最後の時代でした。総会屋とは日本特有といわれる職業（？）で、問題を抱えていそうな上場企業の株式を保有し、株主として「株主総会でスキャンダルを暴く」などといっては裏で金銭を要求し、利益を得ている者をいいます。企業の中には穏便にことをおさめようとし、事前に金銭を供与する企業もあり、1つの職業として成り立っていたのです。暴力団と結びつき、やくざまがいの特殊株主も多くいました。WEBサイトで「総会屋」を検索してみると、日本経済の歴史の一部を垣間みることができるでしょう。

当時、株主総会前のリハーサルでは、有価証券の保管業務等を依頼している信託銀行（カストディアン）の担当者が、特殊株主のような派手なスーツで総会当日のリハーサルの仕切りをしてくれたものです。慣れない受付の女性が本物の総会屋と間違えて、慌てて連絡してきたこともありました。株主は「株主様」と呼ぶこと、回答が終わったら必ず「以上、ご回答申し上げました」ということ、総会の会場の最前列は社員株主でかため、総会屋が騒ぎだしたら「身体を張って阻止する」とか、総会の議長を務める高齢の社長がトイレに行くのを我慢できなくなった場合に備え、「おしめをしてもらう」とか、今考えるとおもしろい時代でした。

株主総会の事務方である総務部は総会をいかに平穏かつ短時間で終わらせるかが重要な仕事でした。1997年、利益供与を禁じた2度目の商法改正で、利益供与を行った取締役などに対しても罰則が適用されることになり、こういった人たちはほとんど姿を消しました。職業として成り立たなくなったのでしょう。現在の株主総会は、一般株主との対話の場として、ごく当たり前に運営されるようになっています。

取引銀行や役所から人を迎えること

高度成長期の日本は「政・官・財」の3つの組織が連携して産業（企業）を育て、世界に伍していくという、当時としては理想的なビジネスモデルをもっていました（政官財のトライアングル体制と呼びます）。官僚を中心にして資金の傾斜配分など、計画的かつ緻密な運用が日本を世界第2位の経済大国に押し上げたのも事実です。そして、企業に天下りされた方は、それぞれの出身母体とのコミュニケーションを円滑にするためのパイプ役を担っていました。また、大蔵省の影響力が強い時代で、銀行に勤務するサラリーマンにとってはいまや死語となった「大蔵省担当（MOF担）」になることは出世の糸口だった時代です。

経常損益、特別損益の位置づけ

当時、経営者にとって重要な損益指数は売上高と経常利益です。株主よりも企業（メインバンク）中心の考え方ですから、株主にとって重要な税引き後純利益はあまり気にする必要はありませんでした。業績が芳しくないときは、簿価の低い土地や有価証券を売却して、売却益を計上し、損益のつじつまを合わせる必要もあったのです。何もしないと特別損益に入ってしまい、「益出し」と呼ばれてしまうため、どうしたら経常利益に反映できるかを考えていたのです。

30年前には話題にもならなかったが、今は当たり前になったもの

税効果会計という考え方

税効果会計（Deferred Tax）というのは、簡単にいえば税務上は否認され、税金を払ったが、翌期以降実現したときに認容され、税金が戻ってくる会計上の費用を繰延税金資産として認識することです（たとえば、税法基準を超えて計上された貸倒引当金や減価償却費等に法人税等の実効税率を乗じたもの）。単純にいえば、発生主義による税金費用の認識ともいえます。

1989年当時、税効果会計は日本の会計基準では適用されておらず、この分野はわたくしが勤務していたアーサー・ヤングを含むビッグエイト（8大会計事務所）と呼ばれる、外資系大手会計事務所の独壇場でした。なぜならば、ニューヨークの証券取引所（SEC）に上場を計画している日本企業は、日本の証券取引法に基づく財務諸表とは別に、US GAAPの財務諸表、ビッグエイトによる監査報告書が必要だったからです。税効果会計を反映した法人税等繰入額の計

算はUSベースの損益計算書をつくるうえで最も重要な「損益ライン」だったのです。

会社は当然、会社法に基づく日本ベースの財務諸表を作る必要があります。同一企業内に、日本基準と米国基準という異なる2つの財務諸表が、存在していたことになります。その後、会計ビッグバンを通して、日本でも税効果会計が適用されるようになり、最近は当たり前になりましたが、当時、会計技術の最先端をいくものとして、必死に勉強したものです。

投資家も経営者もバランスシートを見ない

今は四半期報告書の作成が導入され、3カ月ごとに財務データが開示される時代です。経営者は株主総会だけでなく、国内はもとより、ロードショーと呼ばれる海外投資家向け投資家説明会にも参加しなければならず、多忙を極めています。CEOもCFOも短期の業績動向に振り回されているといってもよいでしょう。バブル崩壊後の「失われた30年間」を通して、経営者は自分の任期中に業績を上げ、財務体質を強くしなければいけないという強迫観念におそわれています。どうしても四半期決算が重視され、短期の損益に目がむいてしまうのです。

日本企業の自己資本は潤沢になっているにもかかわらず、経営者はリスクを取って先行投資をしないため、結果として企業活動を中心にした「ヒト、モノ、カネ」がうまく回っていません。日本経済が長期の停滞から脱却できない理由の1つです（韓国・台湾と比較しても周回遅れです）。

カネをため込むだけが能ではありません。日本の経営者はもっとバランスシートやキャッシュ・フローに目を向け、先を見てリスクをとり、投資をかけていくというベンチャースピリットをとり戻すことが必要です。

30年後の今も変わらないもの

日本企業の経営者は相変わらず売上高が好き

それは売上高至上主義とも呼ばれ、利益（質）よりも売上高（量）の拡大に重点を置くことをいいます。相変わらず、日本企業の経営者は売上高が大好きです。売上を増加させることが損益計算書の重要なファクターであるのは誰も疑いませんが、利益が取れなかったら、なんにもなりません。そろそろ売上高と利益（率）をセットで見るという、発想の転換が必要です。

経営学者で、東京都立大学教授である松田千恵子さんは、「欧米企業は、売上は伸びているが利益が落ちだしたときに、子会社（または、事業部門）の売却を考える。一方、日本企業は売上も利益も落ちだして、はじめて売却を考える」といっています。しかし、日本企業が売却を考え出したとき、すでに資産価値は下落しており、結局、買い手に安く買いたたかれるのです。この言葉は日本企業の経営者の性格を見事に表しています。失われた30年間は高度成長期に培った資産（技術）を食いつぶして何とかやってきました。１００年に一度といわれる今回のコロナ禍を機会に、量から質への発想の転換をはからないと、日本企業は本当にもちこたえられないかもしれません。

COLUMN 06 なぜ、決算発表を早期化すべきなのか

早期化が必要な理由

決算発表の早期化とは、期末日から決算発表までに必要な日数を、6週間（45日）から4週間（30日）以内にすることです。これは一見やさしそうでむずかしい問題です。なぜならば、経理部門は長い間、45日という日数を前提に決算業務、取締役会、記者発表、有価証券報告書の準備という一連の作業スケジュールを組み立てているからです。

なぜ、早期化の問題を取り上げるのか、それは海外の競合との比較可能性、株主総会対策、コーポレート・ガバナンス、連結財務管理などの経営戦略上、多方面に大きな影響を与えるからです。どのようにしたら決算早期化が図れるか、具体例をあげて検討してみましょう。

実は決算早期化が話題になったのは、最近のことではありません。20年近く前にも、東京証券取引所が上場企業に対し、決算発表の時期を「決算日から45日以内が適当、30日以内がより望ましい」という指針を出しています。

おそらく日本企業の決算発表が、欧米企業と比較して情報開示が遅かったことに対応する狙

いがあったのではないでしょうか。なお、2019年3月期決算企業で、30日以内に収めている企業は14・4％だそうです。20年前とあまり変わっていません。理由はいろいろと指摘されていますが、会社にとっても、担当部署の経理部にとっても、忙しくなるだけでメリットが見当たらないからだといわれています。ただし、45日ルールはきっちり守られています。上場審査時の条件だからです。

たしかに、長い間慣れ親しんだスケジュールを変えることは、そう簡単ではありません。経営者が強いリーダーシップをもつオーナー企業であれば別ですが、一般の企業が来期から決算発表を早めるというのは、ほとんど不可能といってよいでしょう。一部の人のやる気だけで実行に移すと、必ず失敗します。人も組織も保守的であり、波風を立てず、現状を維持することが快適だからです。

総論賛成・各論反対という抵抗勢力を納得させるには、関連当事者個々人の業務にどのような影響を与えるのかを明確にし、何がプラスでマイナスなのか、誰のためにやるのか、客観的に現状分析したうえで、タイムラインを考え、目標を決める必要があります。ただし、いったんスタートしたら一歩も後へ引かないという覚悟も求められます。そして、最後にCEOの「早期化をしよう」とのひと言が必要です。さもないと中途半端に終わり、「労多くして益なし」の結果になります。

なぜ、30日以内に決算発表を済ませられないのか

日本の上場企業のほぼ60％が採用しているといわれる3月期決算企業を例に、具体的に見ていきましょう。5月の連休明けの決算記者発表を約2週間早め、連休前の4月中（30日以内）に終えてしまうにはどのような方策があるのか、その課題と対処について述べます。少数ですが、すでに連休前に決算発表というスケジュールが定着している企業もあります。そういった企業の皆さんには再確認のためにも、これから話すことを参考にしてください。

課題は親会社と連結小会社で、会計方針が不統一であること

まず、連結会計方針についてです。親会社と連結子会社で会計方針が異なり、調整に時間がかかるという問題です。特に、海外子会社については現地の会社法を優先し、ローカル基準を採用している場合が多いのです。

その場合、連結パッケージ上で親会社の会計方針に修正しなければならず、調整に余計な時間がかかります。会計方針の統一は、やる気さえあればできます。「会計は一箇所に収斂する」という言葉通り、ここ30年間、主要国の会計基準に大差はなくなってきました。会計基準の統一作業にはシステムの構築と運用が大きな役割を果たすでしょう。

次に、親子間の勘定科目体系の違いも手続きを複雑にしています。子会社の勘定科目を親の勘定体系に組み替える必要があり、親子会社間の債権・債務の消去や内部利益の消去に時間がかかります。

特に会計システムがグループで統一されていないと、組み替えに時間がかかり、間違いも起こります。重要なことは、親会社の単体決算ありきで、子会社を連結するのではないということです。まず、連結決算があってローカル目的など必要に応じて単体決算をするのです。この発想の転換があってはじめて企業グループの会計方針の統一、さらには勘定科目の統一が可能になるでしょう。

世界中でサプライチェーンを構築している企業の場合、さらに一歩進めて得意先、仕入れ先の管理コードもグローバルに統一することをおすすめします。こうすれば全世界ベースで債権・債務の統一管理が可能になり、同じ得意先でありながら別のコードを使うという不合理なこともなくなります。今の時代、システムが発達していますから制度構築はそれほどむずかしいことではありません。一度、専門家を使って費用対効果を試算してみてはいかがでしょうか。

親会社と連結子会社の決算期が違う日本

前述の通り、上場企業の約60％は3月決算企業です。おそらく、役所や学校の会計年度が4月から翌年3月なので、それに合わせて日本企業に3月決算が定着しているのでしょう。親会社が3月期決算企業の場合、海外子会社は現地の法律に合わせた12月決算に加えて、親会社への連結のため、3月で仮決算をするという二度手間が発生しています。

そろそろわたくしたちは、世界の趨勢は3月決算ではなく、12月決算が主流であることを認識すべきです。少なくとも海外事業の重要性が高く、グローバルな展開を図る企業には、思い切って親会社および国内関係会社の決算期を3月から12月に変更することを考えてはいかがでしょう。そのほうが連結決算手続の二度手間も省けますし、海外の競合との比較可能性も高まります。ちなみに中国では12月決算が法律で決まっています。

決算日の1カ月前に、本決算に準じた決算をする

このような問題が解決されたとしても、年次決算の場合、経理部は通常の決算以外に開示データの収集、決算短信や有価証券報告書、税務申告書の作成、会計監査など、多くの追加業務をこなさなければなりません。これらの作業には多くの時間がとられます。解決策の1つとして1カ月前の2月末日で本決算に準じた決算を行ってしまうのです。

具体的にいうと、棚卸資産や有形固定資産の実査、債権の貸倒れ、減損損失の認識のように見

積もり要素が必要な引当金など、判断を必要とする項目は、可能な限り2月で計上してしまうのです。もちろん、会計監査人による期末監査手続きも準じて行うことになります。そして、3月はなるべく経常的な取引に限定することで、かなり負荷が減るでしょう。

そろそろ決算は、作るものという発想から脱却すべきです。仮に経営トップからの政策的な期末決算修正の要求があっても、対応に余裕が出てきます。経理システムを親会社単体でなくグループ企業で統一しておけば、決算日以降5営業日以内に決算数値を確定することができます。マクドナルドコーポレーションのように「2日間」で決算数値を確定してしまうことも夢ではありません。

確定決算主義という税法優先の考え方からの決別

税務申告書の作成に際しては会社法上の税引き前利益を基礎にして、税法の規定にしたがった加算・減算を行い、課税所得を算出するという税法上の原則があります。確定決算主義といわれるものです。一見、当たり前のように見えますが、税法特有の処理を会計上の損益に組み込まないと容認しないという、極めて税法中心の考え方を企業会計に押しつけているといってもよいでしょう。

具体的にいえば、企業会計上、債権の0・7％が貸倒引当金として妥当と考えても、一度決算で０・７％を確定してしまえば、申告書上での修正・変更ができません。たとえ税法上で１・０％を許容しているにもかかわらず、申告書上で引当金０・３％の追加算入はできないのです。このように一部の会計処理が税法上の損金経理要件に拘束されるため、会計上の利益をゆがめてしまうということが起こっています。

このことは海外に工場をもつ企業の減価償却方法の考え方にも大きく影響を与えています。たしかに、企業会計上の利益と税法上の課税所得の差を小さくすることは処理が一度ですみ、手間もかからず、コストも削減できます。しかし、企業会計に税務会計を反映せざるをえない現状では、「税・財分離の原則」が当たり前の欧米諸国の企業との比較可能性にゆがみが出てしまうのです。

長い間、企業会計に税務会計が組み込まれていた日本の企業会計制度も、そろそろ真剣に確定決算主義と決別し、海外の競合と比較可能な「税・財分離の原則」に手をつけるべきでしょう。手間がかかるという問題についてですが、欧米の競合はそれを前提に決算早期化を実現しているという事実を認識すべきです。昔と違い、システムが発達していますから、大きな阻害要因にはなりません。ただし、この問題は税法の考え方を改めるという大きな壁があるため、すぐ実現できるとは思えません。目的を達成するためには国税庁による理解を含め、現実的、継続的な問題提起が必要です。

「決算早期化」への対応のすすめ

ここ30年、企業の決算環境は大きく変わりました。過去形となっている決算書を作り、有価証券報告書を提出して終わりではありません。株主をはじめとするステークホルダーは経営者に対して過去、現在、そして将来の財務情報を知りたがっています。また、決算開示が早い企業ほど業績が良いという調査結果も出ています。決算早期化によって業務の効率化を進め、捻出した時間を使い、すでにはじまっている当期の連結財務管理にエネルギーを使うことができるというプラスの効果があります。

3月期決算企業を例にとれば、5月の連休明けの決算発表時点で、当期の第1四半期はすでに半分が経過しています。決算発表に45日もかけている結果、前期から今期への連動性が断ち切られるといってよいでしょう。前期の決算は速やかに終わらせ、なるべく早く当期の連結財務管理に入らなければなりません。前期の決算数値の確定、今期の予算の進捗状況の把握、着地見込みの検証、第2四半期以降へのフォロー、という切れ目のないPDCAによる連結財務管理体制の構築と運用がますます重要になっています。

決算期というのは単なる句読点にすぎません。「決算早期化」はここ30年の間に、周回遅れになってしまった日本企業が、世界の競合に追いつき、追い越すための重要な施策であると確信しています。いずれにしても、決算早期化成功のためには経営トップの強いリーダーシップが必要としています。

CHAPTER

04

管理会計をベースに経営戦略を考える

管理会計の意味を再確認し、財務リテラシー感覚を養う近藤さんが書かれた本文に入る前に石田からひと言、わたくしは監査法人で会計監査をしている間、管理会計（経営会計）に関する知識は参考書で読んだ程度しかなく、実務経験もほとんどなかったということです。会計監査という作業は、どうしても過去の数字を追いかけることが中心であり、仕事に慣れてくるとマンネリ化しておもしろくなくなってしまいます。クライアントが準備したテーブルの上の料理をいただいているようなものです（個人の意見です）。

そのような中でも、時としてクライアントからデューディリジェンス（Due Diligence）の仕事を依頼されることがありました。デューディリジェンス業務とは、クライアント（買い手）が投資価値判断をするにあたり、監査法人などの専門家に投資先の価値やリスクの調査を依頼するものです。M&A業務に関与できることから、会計監査とは立場も違い、監査法人の人間にとっては新鮮で興味深い仕事でした。

1995年、事業会社に移って、M&Aのプロジェクトマネージャーとして直接関与するようになって、管理会計の世界は財務会計とは大きく違うことを知りました。会計監査の世界ではほとんど話題にならない資本コストに関連する「IRR（内部収益率）、WACC（加重平均コスト）、EBITDA（当期営業利益に減価償却費と税金を加えて算出した利益）」などの用語、考え方が当たり前のように使われていました。

経営会議の席で社長から「今回の投資案件について、CFOとしての石田さんの考えを聞きたい」と質問を投げかけられたとき、参考書でえた程度の知識しかないため、当たり障りのない回答しかできず、目の前が真っ白になった経験をしました。

そして、近藤さんが強調されている管理会計（経営会計）の本質を知ること、それが実務的な会計リテラシーの幅を大きく広げることがわかりました。これはCHAPTER5で述べる税務リテラシーも同様です。財務会計、管理会計及び税務会計という、3つの会計を体系的に把握し、使いこなして初めて会計のプロとしての土台ができあがるといえます。

ソニーに見る出井さんの「時代を読む先見性」

わたくしが2000年、ソニーへ転職したとき、当時のCEO出井さんからいくつかのテーマが与えられました。それは、

①検討中のソニー通貨は管理会計通貨として使えないか、資本コストの考え方をソニーへ導入できないか。

②GEとソニーの実効税率の格差を解消できないか。

③（遠からず最大の競争相手となる）韓国サムスン・グループの実態調査。

この3つです。これらは２０００年時点で出井ＣＥＯが悩んでいた問題点です。この問題提起は、今ふり返ってみると極めて鋭い先見性のある指摘だったと思います。ＣＨＡＰＴＥＲ４ではソニー通貨と資本コストについてお話します。

２０００年当時、日本の輸出入企業はもとより世界の多国籍企業にとっても、為替相場の変動は共通の問題でした。日本に本社を置き、海外拠点での製造・販売が大きいソニーにとっては、ことさら深刻な問題でした。90年代後半、アジア通貨危機の前後、ドル円相場は一時的に70円台から１２０円に向けて大きく変動しました。また、はじまったばかりのユーロの値動きも、激しいものだったからです。

出井さんは為替変動によって、ソニーのアメリカや欧州での業績が大きく左右されることに頭を悩ましていました。実際、円で見ると赤字なのに、ドルで見ると黒字ということが本当に起きていました。「製品の販売価格の決定から、決算まですべてドルベースで一貫してできるＧＥのようなアメリカ企業はうらやましい。いっそのこと本社を最大市場であるアメリカに移して、すべての子会社、グループ取引会社との取引もすべてドル建にしてはどうだろうか」という話を半分本音で出井さんと話した記憶があります。すべてをマイナー通貨の円で考えるのは問題だという共通認識がソニーにはありました。早くからアメリカに上場していたこともあり、コロンビア・ピクチャー・レコードを買収して、その世界販売の実際を目の当たりにしたこともあったと思います。

ＧＥがうらましいというのは、ＧＥが当時のソニーにとって目標とするグローバル企業だったからです。2000年の時価総額世界ランキングでGE（5112億ドル）が3位、ソニーが39位（1167億ドル）。何とかこの差を詰めようというのが、ソニーの念願だったのです。ちなみに、日本企業ではNTTドコモが5位、NTT8位、トヨタが16位でした。この20年でソニーはランキング100位から脱落しましたが、日本では最近、またNTTを抜いて第3位。一方、GEの時価総額はソニーを下回っています。20年前の念願が現時点でかなった格好です。

会社全体の資本をどう部門間に配分・配賦するのか

この為替変動の問題に、1つの解決策を示したのが、わたくしより少し前の1997年に東北大学教授からソニー・コンピューター・サイエンス研究所（SCL）に転じた高安秀樹さんで、世にいう「ソニー通貨構想」でした。ソニーの通貨別売上高を加重平均した通貨バスケットをソニー通貨として、グループ内取引からさらには顧客取引にまで広げ、最後的には顧客へのポイント付与や、決済にまで使用しようという大きな構想でした。

「ソニー通貨」はソニーの各市場での売上高按分《あんぶん》による主要通貨の加重平均を交換比率にするという、いわばIMF（国際通貨基金）の通貨バスケットSDR（特別引出権）のソニー版でした。しかも、SDRと違い通貨の構成比を為替動向にもあわせて、その都度、変化させていく仕組みだったと記憶しています。その中心的な役割を果たすべくソニーは、ロンドン(さらにはシンガポール)に世界各国拠点の資金・為替を集中管理するセンターを設立していました。

当時、出井さんは日銀参与を務めていたので、このアイデアは日銀にも伝わっていました。もともと日銀は流通範囲が限定される(クーポン券、地域振興券や販促ポイントなどある意味で、通貨ともいえる)ローカル・カレンシーの発行と流通に反対ではなかったので、問題ありとの声は聞こえてきませんでした。

しかし、ソニー社内での議論の結果、販売マージンが各地域で大きく異なっていて価格差がある現状を開示することになりかねないといった反対などがあり、結論に至りませんでした。わたくしも管理会計上、使用することには興味をもちましたが、実際の決済や会計に使うことには、懐疑的でした。

今考えると、最近話題になっているフェイスブック通貨の「リブラ⇒ディエム」に大きく先行する発想でした。高く長期的な視点からの先見性が欠如していたことを恥じるばかりです。

いいわけをするなら、当時のコンピューターの能力ではとても実現不可能だったということでしょうか。2~2年半で半導体の能力が倍増するというムーアの法則で推測すると、当時のコンピューターの処理能力は今の1000分の1程度の能力でした。そのような制約下ではコンピューターの高度な処理能力を駆使するブロックチェーン技術を使った、ビットコインのような暗号通貨やデジタル通貨はありませんでした。

また、フェイスブックはソニーのように製品販売で収益を上げるのではなく、広告料収入に依存する

ＳＮＳですから、価格設定でソニーにあったような問題は少ないと思います。こういった意味で、フェイスブックは全世界に展開するＮｅｔの最先端企業として、あるべき姿を追求しているように思われます。

この試みが、国家の通貨発行権やアメリカのドル覇権への挑戦になることも懼《おそ》れないマーク・ザッカーバーグの起業家精神に脱帽します。同時に、ドル一辺倒だったアメリカの大企業の中から通貨バスケットという発想が出てくることは、基軸通貨ドルの揺らぎが見て取れるのかもしれません。

20年前のソニー通貨に比べ、フェイスブック通貨が今、直面している政府・中央銀行の反対は隔世の感があります。中央銀行デジタル通貨（ＣＢＤＣ）発行が現実の問題となっているからです。日銀の反対ではなく内部の反対で、結局ソニー通貨構想は立ち消えになりました。しかし、わたくしは内部管理会計通貨としてソニー通貨は使えるかもしれないと思っていました。

日本円は管理会計通貨の役割を果たせるか

前にもふれていますが、財務会計は企業の現状を示すスナップショットです。財務会計は親会社単体、あるいはグループ全体の連結財務諸表を作成するためのものであり、商法、会社法、金商法などの法律に基づいて作成され、統一された基準で一般に開示されます。一方、管理会計は企業経営に役立つ指標を提供する会計とでもいいましょうか。

管理会計は英語で「Management Accounting」、直訳すると経営会計です。管理会計と日本語に訳したのは誤訳といってよいかもしれません。経営判断のためのデータを提供します。これは、あくまでも社内の経営判断資料ですから統一された基準はなく、開示もされません。

たとえば、社内にいくつもの事業部門がある企業にとって部門間の業績比較をすることは経営上、重要なテーマです。そのためには、まず、部門別の財務諸表を作成する必要があります。これを集計して全体の財務諸表と整合性をもたせるためには、いくつかの修正が必要になります。本社コーポレート（間接）部門の費用。これは各事業部の直接経費ではないので、何らかの基準で部門別に配分する必要があります。

本社人事部経費は人員別に配賦するとか、社内ルールを決める必要があります。同様に、システム経費など営業利益段階でも修正配賦が必要な項目がたくさんあります。大企業になると、間接部門をあたかも社内にある独立のシェアードサービス会社のように扱っているところもあります。

たとえば、各事業部門は社内シェアードサービス（間接部門で行う業務を1カ所に集中させること）会社である人事部に人事業務委託料を内部取引として計上する方法です。これが徹底されると人事サービス会社をグループ内に設立するといったことも出てきます。また、海外子会社への本社経費の配布にあたっては、ロイヤリティを賦課して実際に送金させるという方法が取られることもあります。

管理会計にどの通貨を使うかということは、あまり議論されてきませんでした。基本的に本社所在地の決算に使用される通貨が使われているからです。ソニーの場合もおそらく今も、本社では基本は円ベースではないかと思います。全体の連結決算を円で発表する以上、本社は事業部ごと、海外拠点ごとの全体収益への貢献度を円ベースで把握していると思います。決算通貨に合わせる形です。この場合、管理会計の表示通貨は円になります。わたくしがソニーの次に勤務したＡＩＧの管理会計通貨はドルでした。基本的にアメリカの経営者はドルでしかものを考えません。基軸通貨国の特権の一部です。

ここで問題が起こります。たとえば、ドルベースのアメリカ金融機関の日本法人に勤務するバンカーがいます。１億円の手数料が入る大きな取引を獲得してこの10％の１０００万円が期末ボーナスに加算されると期待します。しかし、取引ができたときの円ドルレートが１１５円で、期末のレートが１０５円だったとしたらどうなるでしょう。本社が把握するこの取引の収益貢献は８・７万ドルですから、このバンカーは期末のボーナスは１０５円換算で９００万円しかもらえません。この逆もありえるので何ともいえませんが。

長く働けば、バンカーにとってはプラスマイナスゼロになるかもしれません。しかし、この日本法人の評価では違った結果になります。昨年の貢献利益が１００億円。今年も１００億円で期末レートが

115円から105円になったとします。そうすると、本社が管理会計の通貨ドルで把握する日本法人の貢献利益評価は8700万ドルから9500万ドルに増加することになります。これって変ですよね。

実際、AIGの場合管理会計上は収益貢献の過半を占める日本とアジアの収益貢献が、為替相場変動、具体的にはドル安（円高）に行けば高く評価されがちになるという傾向があったと思います。全世界を俯瞰した経営の観点から中立的に評価するにはドルではなく、貢献度の規模に応じた加重平均通貨バスケットを管理会計に導入することが必要です。

この意味でソニー通貨は有用だったと思いますし、今も有用だと思います。ソニーがどこに経営資源を適切に、かつ為替相場バイアスを避けて配分するかという経営判断に役立つからです。企業の経営判断のための管理会計にどのような通貨バスケットを使うかは企業ごとに違うはずです。

余談ですが、株式市場の平均株価に2つの方法があります。日経225は単純平均でTOPIXは加重平均です。アメリカのNYダウが単純平均で、S&P500は加重平均です。

NYダウの場合30種平均ですから、1社でも非常に高い株価の会社が出てくるとその会社の株価変動がNYダウの変動に他の会社より大きな影響を与えることになります。このためAIGはNYダウ銘柄に入った90年代には何回も株式分割を繰り返して、株価が100ドルを超えないようにしてきました。日経225も値嵩株の影響は否定できないと思います（株価2万円の会社と、500円の会社が規模に関係なく単純平均されます）。

資本コストは財務会計上の考え方とは異なる

資本コストは、財務会計一筋の経理・財務部門の人にとっては、あまり馴染みがないかもしれませんが、管理（経営）会計の分野では必須の概念です。

この文脈の中に資本コストが登場します。会社全体の資本コストをどう部門間に配分するか。そして、社債や借入のような外部負債などの金融コストをどう部門別に配分するかということが管理会計の柱の1つになります。資本コストは外部資金調達の支払金利と資本に対する支払配当の合計額と理解される方もおられるかもしれませんが、ことはそんなに単純ではありません。

まず、支払い金利は経常利益段階で費用計上されますが、支払配当は税引き後収益から支払われます。したがって、各事業部に資本コストを配分するときにはベースを揃える必要があります。このために用いられるのが、資本コストを税前コストに戻し、借入コストとの加重平均をする方法（WACC：Weighted Average Cost of Capital）です。

WACCの適用に注意点があります。具体的な例で説明しますと、社内に生産部門と販売部門の2つの部門があったとしましょう。両部門とも1000億円の資金を使っています。生産部門は設備投資を含む生産資金、販売部門は販売金融を含む販売資金に使われていたとします。両部門にどのように全社の資本・外部資金調達にかかるコストを配分すべきなのかというのが、管理会計上の資本コストの問題です。

仮に両社の資本コスト配賦前の部門収益がトントンだったとしたら、資本コストの配分で両部門の業績評価が分かれることになります。さらに、この評価は会社の将来の投資計画に影響を与えることになります。単純にいえば、生産部門を拡充するか、販売部門を拡充すべきなのか、という経営判断を左右します。通常の場合、生産部門は資本を多く使い、販売部門は外部資金調達に依存することが多いので、会社ベースのＷＡＣＣを両部門の資本コストに使用するのは、わたくしはためらいます。

専門用語の洗い出しからはじめよう

では、どうするか？　この問題には正解は存在しないと思います。販売金融資金調達を販売部門に紐づけにするところから社内の議論は、はじまります。正解は存在しませんが、問題点を洗い出して社内の暫定・合意解を探して、企業活動を続けるしかないでしょう。正解がないからといって投げ出さないでください。大学入試と違って現実の社会には正解がない問題の方が多いのです。

この管理会計上の資本コストは、過去の事業部門間の業績比較に用いられるだけでなく、事業計画策定時に使うことはもちろん、各事業部が行う新規事業投資について判断する基準にも用いられます。資本コストのような指標の他に、財務諸表にもとづくキャッシュ・フローによる企業価値評価の算定法（ＤＣＦ：Discount Cash Flow）や、内部収益率（ＩＲＲ：Internal Rate of Return）の目標利回りが資本コストをどれだけ上回るかという分析にも用いられます。

数字や算式は苦手という いわゆる純粋法文系の方々へのアドバイスが１つあります。わたくしも随分、苦労しました。銀行員ですから大学で習わなかった会計学を実地の伝票起票を通じて学びました。外国為替も銀行での実務経験で、証券投資も国際税務も企業買収もすべてＯＪＴ（on the job training）でした。海外でのＯＪＴで困ったのは英語の略語（Abbreviation）でした。

このため30年前、「ウォール街語」という翻訳本を出版しました。アメリカの証券外務員試験のための用語解説集の翻訳です。いまでも中古本が安く手に入りますが、今や不要の長物。ネットで検索できますし、自動翻訳機能も日進月歩ですから。逆に長く海外にいて日本に帰ってきて悩まされたのが、日本独自の英語の略語。ソニーはアメリカ流を旨とする会社ですから難解な横文字略語が氾濫していて大変でした。

でも、今は昔、ＷＡＣＣでも、ＤＣＦでも、ＩＲＲでも、ネット検索すれば誰でもわかるように書いてあります。ブラック・ショールズの方程式を解くなどというレベルの話ではありませんから、安心してまず、何度でも検索してください。この本でもわからないことがあれば、まずは、身近なところでいえば、ウィキペディアを検索することをおすすめします。

どんぶり勘定では資本コストを管理するのは難題

儲かるところに資源を重点配分するのが、経営の鉄則です。そのために資本コストを部門損益に賦課して儲かっている分野を探します。日本国内だけであれば、すべて円ベースで完結しますから割合、簡単です。では、ソニーのようにさまざまな国で事業を展開している多国籍企業はどのような資本コストをベースに考えればよいのでしょうか。

これはこれでむずかしい問題です。というのは、資本コスト配賦を国別に行うと、シンガポールあり、マレーシアあり、タイありで、外部負債コストはまちまちで、さらに為替レートは飛んだり跳ねたりもします。しかも長期金利がないところがたくさんあり、為替のヘッジもできません。結局、資本コストはどんぶり勘定になっていると思います。

ソニーでも資本コストを国別に設定したわけではなく、全体でやっていました。ただし、これにも理由がないわけではありません。日本から技術を移転し、部品がいろんなところから来て、マレーシアで組み立てて、ヨーロッパへ輸出します。こうした場合、資本コストよりもそれぞれの取引の為替リスク・ヘッジに関心が向かってしまいます。収益は為替ヘッジをうまくやったか否かでまったく異なってきます。そこでソニー通貨のような発想が出てくるわけですが、これについてわたくしは、当時、取り組んではダメだといい続けて、個別の為替ヘッジに固執していました。しかし、なかなか結論が出ない問題だと思います。

AIGの場合は、すべてドルベースで見ていました。ドルベースで資本コストを賦課してくるのですが、これはまったく通貨は関係なしで、ドルベースの資本コストで比べる。わたくしは「これもおかしいんじゃないか」と、反論してきました。日本のリスクフリー・レートは10年で1%。アメリカも下がってきてはいましたが、2005年ごろはだいたい4%で、3%差があります。3%差があるところへ、一律で自己資本利益率の目標を8%から10%というのはおかしいのではないか、3%ぐらいまけてくれ、という議論を行ったのです。

企業のサイズが大きくなると、大問題です。結局、それがAIGの連結バランスシートにどう影響するかという話になるためです。出資勘定のところは、AIGの連結ベースでは、調達と合っているから構わないという話になってしまいます。

「ドルベースの付加価値がどれだけ出るかという話だから構わない」という議論をされると、今はやりのエコノミック・キャピタルモデルということになります。資本に対して、どれだけリスクをとっているかを相対的に見て必要資本を算出しますから、個別バランスシート上の資本についての資本コストの配賦より、付加価値に目がいきます。

なぜか他人に興味がない日本の現場

わたくしの議論がずっと通用しないため、そういうものかなとも思ってみましたが、やはり現場ではおかしいという話になります。だいたい本社の人間がダメだとこのようなことが起こります。アメリカ人は、ドルの世界以外に関心が薄いのです。日本も同じです。

たとえば、住友銀行にいたとき、1970年代のブラジル子銀行の人たちが、ものすごく儲かっているようなことを東京に帰ってきて報告していました。現地通貨ベースで預金の伸び率30%といい、収益30%増といってくるのです。しかし、ドルベースでは投下資本が、毎年30%減価するのでまったく儲っていないのです。

ということは、すべてドル会計、あるいは円会計にしてみると公平なのかなという気もします。今でもわたくしに解はありません。ケース・バイ・ケースで判断するしかないと思います。違う通貨の下でのパーフォーマンス比較でいつも問題になるのは、比較する際にどの通貨で見るかということです。

たとえば、アベノミクスの最大の成果の1つに挙げられる日本の株価の上昇があります。グラフ（図表4-1、図表4-2）は、安倍内閣発足時を100とした日米の株価推移です。現地通貨ベース、すなわち円ベースの日経平均は2013年から2015年までは、アメリカのDow30をややオーバー・パーフォームしてきたように見えます。しかし、2015年以降は一転して、ややアンダー・パフォームと

図表4-1　日経平均とNYダウ推移（現地通貨ベース）

著者作成

図表4-2　日経平均推移（米ドル換算ベース）

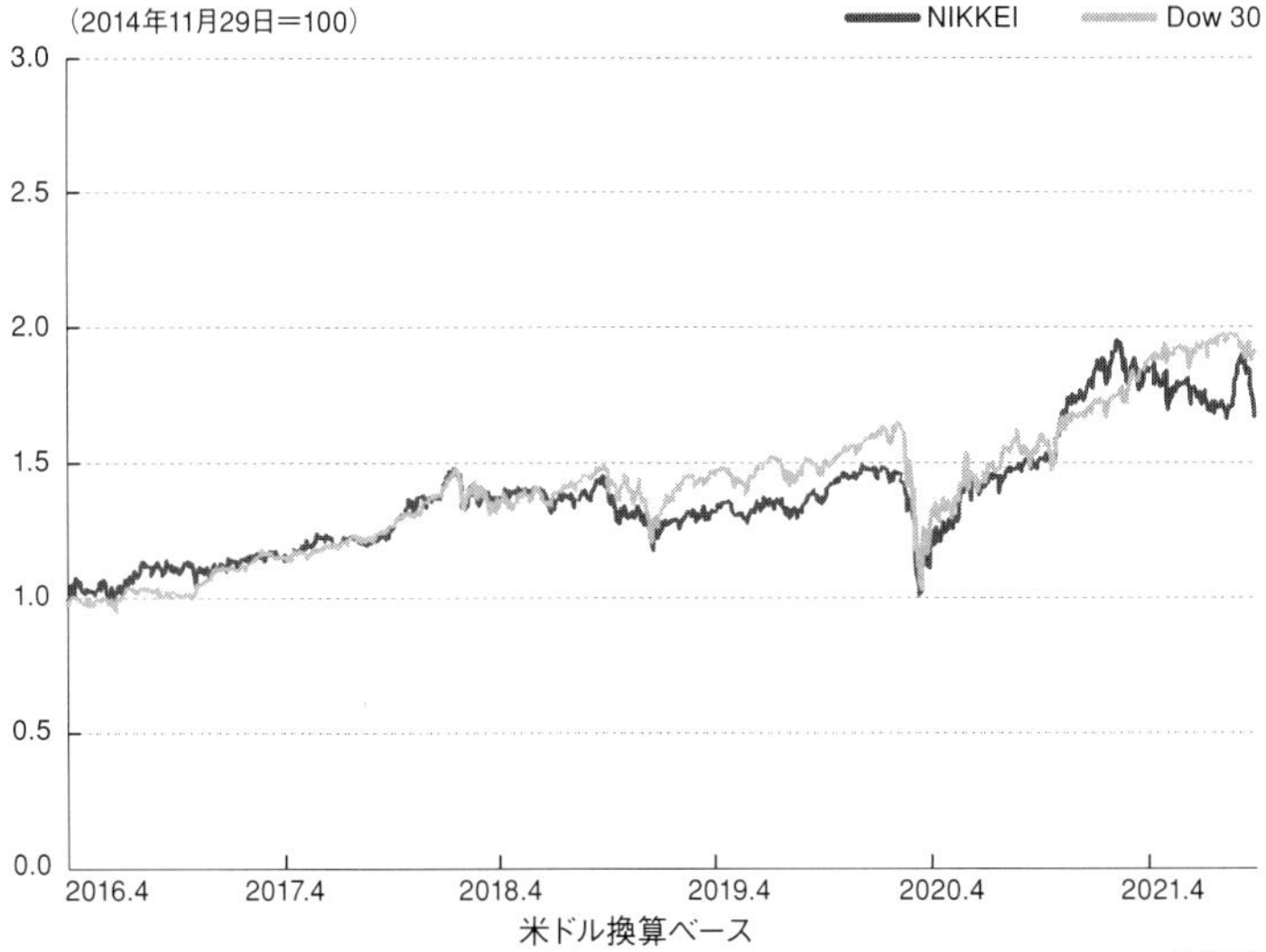

著者作成

なり、最近ではかなり大きく遅れてきています。

一方、米ドル換算ベースでは一貫してアンダー・パフォームが続いています。現地通貨ベースの見え方と米ドル換算ベースの見え方の違いは、為替レートの変動です。２０１３年から２０１５年への円安と、その後の円高傾向への変化がこの見え方の差になります。さらに、最近は円安・株安という状況も見せています。

日本の投資家は現地通貨（日本円）ベースで考え、海外投資家は米ドルベースの動きを追っています。日本株に投資するアメリカの投資家には、ニューヨーク証券市場に上場されているドル建て日経２２５ＥＴＦが人気だそうです。株価だけでなく、ありとあらゆる国際比較統計比較にはこの問題がついて回ります。ことに名目為替レート換算でなく、購買力平価・米ドル換算での国際比較は要注意です。円安志向でやってきた日本の実力が過小評価される傾向にあるからです。

令和の時代に全世界で活動する日本企業にとっての難題は、海外子会社間の業績比較をどの通貨で行うか。また、その際の資本コストをどう考えるのかという問題だと思います。超低金利時代に育った経理・財務パーソンにとっては実感がわきにくいかもしれませんが、このような人為的な低金利が永遠に続くとも思えません。

覚えておきたい基礎知識

COLUMN 07 円高恐怖症からの脱却のすすめ

ニクソンショック以降に円高恐怖症がはじまった

円高恐怖症がはじまったのは、1971年のニクソンショック以降のことです。戦後、日本の高度成長を支えた要因の1つが、1ドル360円に固定されたドル円為替レートであったことは間違いのないところです。戦後の復興期に決められたこの為替レートが日本経済の成長と、国際競争力の上昇にも関わらず固定されていたため、結果的には日本の輸出産業にとって、時とともに有利に働いたと思います。

世界が金《きん》にリンクした米ドルとの固定相場制から変動相場制に移ったのは、1971年8月のニクソンショックでした。その後、12月にスミソニアン協定で、一旦1ドル308円を中心価格として変動幅を1%から2・0%にするという体制に移行しました。

しかし、イギリスは間もなく変動制に移行。日本も1973年には変動制に移行して、それ以降は変動為替レートに移行して現在に至っています。1970年代は、オイルショックやカーター大統領のドル防衛策があって円安局面もありましたが、日本の鉄鋼・家電を中心とする輸

図表4-3　ドル円レート長期推移（1971年3月末～2021年4月）

日銀統計グラフより著者加工

出増加で円高が進行し、270円台まで円高が進行する局面もありました。

1980年代のはじめには、ボルカーショックと呼ばれるアメリカ金融引き締めで、米国金利が一時20％まで急上昇したこともあって250円まで円安に振れます。しかし、その後、円は輸出増加で押し上げられて、200円近辺まで円高になりました。

日米円ドル委員会が設置され、さらに円高が進行しました。これが1985年のプラザ合意で一気に150円台になり、その後も円高が進行して125円になったのです。1980年代は275円から125円と100％以上の円高が進行した激動の10年でした。

１９９０年代に入ると、日本のバブル崩壊もあって少し円安になります。しかし、その後、再び円高傾向が強まり、日米自動車摩擦を背景に１９９５年には、ルービン内務長官の円高方針があって1ドル＝79円に。１９９０年代後半には榊原財務官の絶妙な介入が功を奏し、１２０円台まで円安になりました。

２０００年代に入ると、１００円台から１２０円台のボックス相場で比較的安定した相場で推移しました。介入についていえば、渡辺財務官の時代（２００４～２００７年）は、介入なしの時代でした。円高になれば、日本の投資家のドル買いが入って１００円を割らないという状況でした。

その後の大きな変動は、リーマンショックに向けて円高が進行して、２０１１年には75円の円高を記録しました。しかし、その後に反転。２０１２年末、安倍政権が発足、翌年春から黒田日銀の異次元金融緩和がはじまり、円安・株高が進行したのは、皆さんの記憶にあるアベノミクスの成果といわれるところです。

住友銀行時代に体験した円ドル３６０円時代

１９７０年代のはじめ、円ドル３６０円の時代から住友銀行で、外国為替の担当をしてきたわたくしにとっては、この50年の記憶は忘れがたいものがあります。ニクソンショックの直後、

1971年8月13日に、初めてのソ連・欧州への研修旅行に旅立ちました。旅行中に円が対ドル5%を切り上がった経験とそのメリットの実感が、今なお鮮明です。そのため日本の経営者に多く見られる円高恐怖症については、常に懐疑的でした。

円高が日本を1980年代の日本を世界の経済大国に押し上げ、アメリカに今、中国が与えているような脅威を与えました。円安論者には日本経済、あるいは日本そのものについての長期ビジョンが欠けているのではないかと疑っています。デフレ、ゼロ金利、円高恐怖症が続いた2000年代に、日本は世界の経済一流国から二流国へ転落したのではないでしょうか。

多くの企業経営者にとって、特に輸出企業にとって円高は好ましくありません。円安の方が楽に決まっています。グローバル企業にとっても円安は、海外収益が円ベースでは見かけ上、かさ上げされます。視野が短期的に過ぎると思います。

悪い例はイギリスです。英ポンドはニクソンショック以前にも切り下げを重ね競争力を失った国内産業を保護し、海外資産からの収益が安くなるポンドではかさ上げされるという状況を1960年代から1980年代まで続けました。いわゆる英国病です。結果はどうなったか、1980年代後半には1ポンド1ドル近辺まで低下。ニューヨークからロンドンまで飛行機に乗って買い物に行く人が見られました。

ロンドンでの買い物はドルベースで格安だったのです。中国・韓国観光客の爆買いを彷彿とさせませんか。そのイギリスを救ったのはサッチャーでしたが、その後も低迷を完全には脱却できていないと思います。これからの30年を担う次世代の人たちには、円高恐怖症から脱却してもらいたいと願うばかりです。そうしないとロンドンで起こってきたように、市内の高級アパートの多くが外国人に買い占められてしまいます。

CHAPTER

05

企業経営の視点から税金を考える

税務リテラシーを磨き、経営判断力の幅を養う

CHAPTER5では、税務リテラシーについてお話することにいたしましょう。企業という法人は課税所得のおおよそ29・7%を税金（法人税、住民税及び事業税：以下法人税等）として国及び地方自治体に納付します。

そこで働く給与所得者は所得税及び住民税を納付します（個人の確定申告書の実例についてはCHAPTER1の「コラム01」を参照）。このように所得税だけをとっても、税金は法人・個人を問わず、無視できないほど重要なのです。所得税以外にも消費税、固定資産税等、多種多様な税金がありますが、その概要は本文中の「われわれは税金に囲まれて生活している」を読んでください。

なぜ、税金というカテゴリーをビジネスパーソンにとって必要なリテラシーに加えるのか、それは財務会計と密接なつながりを有しているからです。いい換えると、税務リテラシーと会計リテラシーは「コインの裏表」といってよい関係にあります。税務会計がどのように財務会計に組み込まれているか、損益計算書を頭の中に浮かべてみてください。

売上から税引き前利益までは、企業会計基準にしたがって作成されていますが、その下にある法人税等繰入額は税務会計にしたがって作成されているのです。そして課税所得の29・7%という法人税等は、税引き後純利益に大きな影響を与えているからです。税務リテラシーを知ることなしに、会計リテラシーを理解したことにはなりません。

以下、本文では税務全般について理解していただくために、日本の税金について説明していきます。

そして企業にとって無視できない国際税務戦略、財務経理部門における税務機能の立ち位置など、ビジネスパーソンにとって必要と思われる情報を記しておきました。会計リテラシーに加え、税務リテラシーを習得することでマネジメントとしての経営判断の幅を広げることになります。

われわれは税金に囲まれて生活している

金融広報中央委員会という日銀の広報機関によると、「税金（タックス）とは国や地方公共団体が、その必要な経費をまかなうため、国民から強制的に徴収する金銭」と定義づけています。政府は徴収した税金を使って、民間企業では提供のむずかしい道路や橋などの公共財や、教育や福祉などの公共サービスを提供します。また、所得をなるべく公平にするための所得再分配や、景気対策も政府の役割であり、これらの政策は税金を使って実行されるのです。

日本国憲法では、「納税の義務と租税を課し、徴収することは法律に基づく」という租税法律主義が定められています。税金は国に納める国税と、地方公共団体に納める地方税に分類されます。また、税金を納める者と税金を負担する者が、同じものを直接税、異なるものを間接税と呼んでいます。直接税に

図表5-1　主な税金の種類と区分

	直接税	間接税
国税	個人所得税	消費税
	法人所得税	たばこ税
	相続税	酒税
	贈与税	自動車重量税
地方税	法人住民税	地方消費税
	法人事業税	軽油取引税
	自動車税	地方たばこ税
	固定資産税	ゴルフ場利用税

著者作成

は所得税、法人税、事業税などがあり、間接税には消費税、酒税などがあります。税金の種類は多種多様です。

これを機会に、われわれ納税者がいかに多くの税金に囲まれて生活しているのかを確認してみてください。おさらいのため税金にはどういったものがあるのか、図表5－1にまとめてみました。

税金は一旦、制度化されると固定化する傾向がある

以下は余談です。

頭に入れておいてほしいのが、税金のもつ硬直性です。税金というのは一旦、制度化されると固定化してしまい、時の経過とともに外部環

境が大きく変わり、存在意義が失われているにもかかわらず、存続する傾向があります。

たとえば、自動車重量税は約70年前の１９５０年に自動車税の一部として制度化されました。この税金は道路を使う車によって、道路の劣化や壊れた箇所を修繕する原資として導入されたのです。当時は道路事情も悪く、目的税として道路特定財源に限られ、それなりの合理性がありました。いまや日本の道路事情は格段に整備され、自動車重量税は一般財源化され、根拠はあいまいになっています。それにも関わらず自動車所有者は重量税と呼ぶ税金を払い続けているのです。

もう1つはゴルフ場利用税、ゴルフをされる方はご存じだと思いますが、明細書の中に１０００円前後のゴルフ場利用税というのが付加されています。調べてみたら、当初はゴルフをスポーツとしてではなく、パチンコやマージャンと同じ範疇《はんちゅう》に入れ、娯楽施設利用税として課税されていたのです。本来であれば１９８９年の消費税導入時に廃止されてしかるべきだったのですが、ゴルフを贅沢とみなし、別途ゴルフ場利用税として生き延びているようです。

二重課税ではないかとの議論もあります。もはやゴルフ場は接待の場ではありませんし、選ばれた人の遊びでもなく、ごく一般的なスポーツです。なぜ税金として存続しているのか、温泉に入るときに取られる入湯税とおなじく不可解な税金です。

「法人税等」と呼ばれる税金費用の重要性を知ろう

法人税、住民税、事業税（法人税等）とは？

有価証券報告書中の損益計算書を見てください。税金等調整前当期純利益（以下、税引き前利益）の次に、「法人税、住民税及び事業税と法人税等調整額」という2種類の税金関連科目があります。税引き前利益から法人税等合計額を控除した金額が「当期純利益（ボトムライン）」と呼ばれる最終損益です。数ある税金の中で、企業活動をしていくうえで重要かつ避けることのできない税金がこの法人税、住民税及び事業税（法人税等）です。

なぜ、法人税等の理解と認識が必要なのか、簡単にいえば、企業は儲けた利益の約3分の1を税金として納めなければなりません。売上原価や販売費及び一般管理費も重要ですが、定量的にも定性的にもそれ以上に重要です。その内容を理解し、合理的にコントロールするのは経営者にとって当然の責務だからです。

法人税等の計算基礎になるのは課税所得であり、会計上の税引き前利益ではありません。具体的には会計上の税引き前利益に、税法上の考え方を基準に加算項目（否認、即ち税務上の益金）及び減算項目（認容、即ち税務上の損金）をプラス・マイナスして算出された「課税所得」に実効税率を乗じて税額が算出され

図表5-2　会計上の税引き前利益と税務上の課税所得の計算

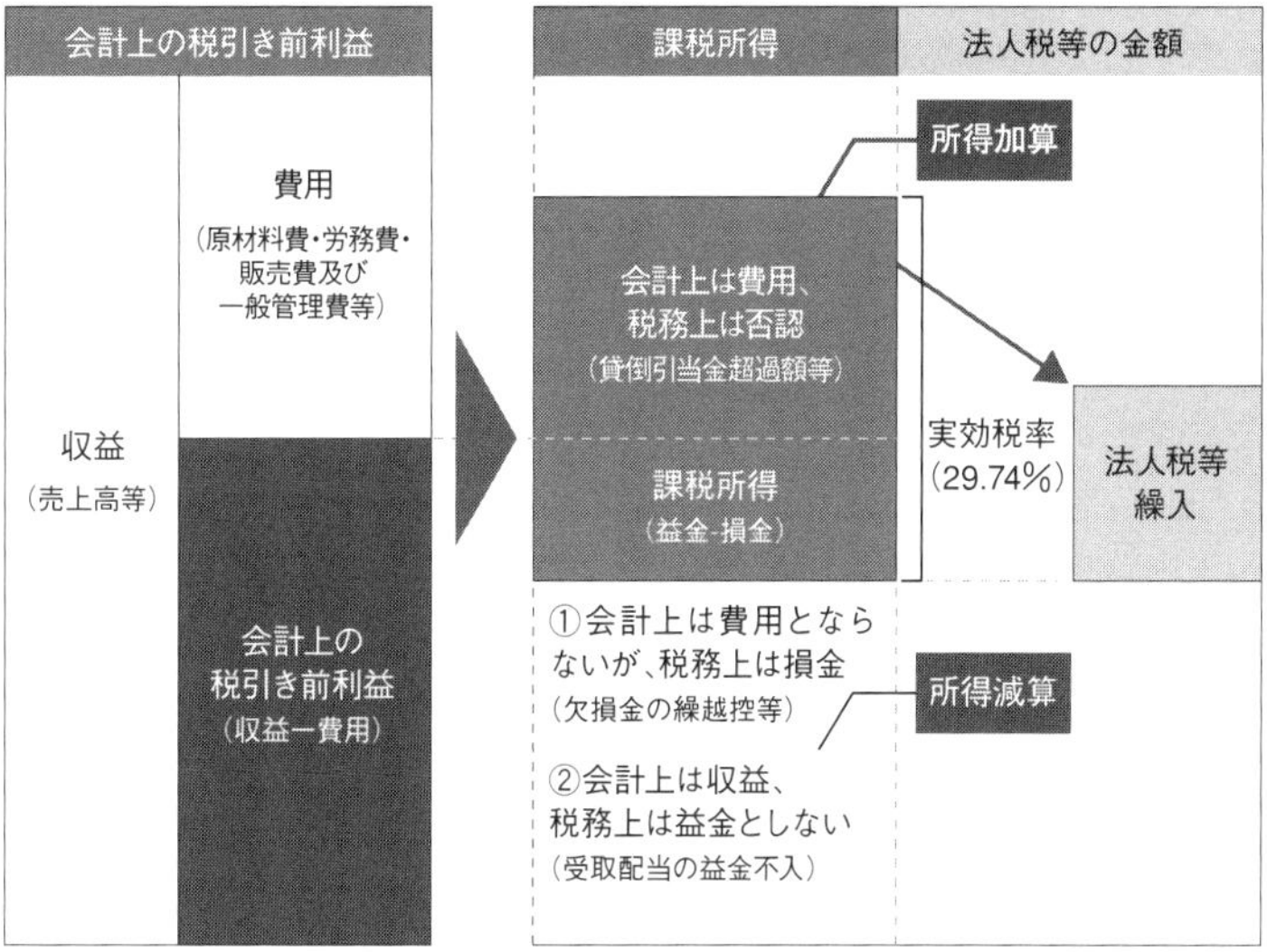

著者作成

ます。法定実効税率とは課税所得を基礎に法人税、住民税及び事業税の表面税率を使って所定の方法で算出される総合的な税率のことで、現在は29・74％なのです。

また、法人税等を理解するために知っておくと有用なのは、「税法上の損益計算書にあたる別表四と、貸借対照表にあたる別表五」です。この2つの表を見ると税務上、何が否認され、認容されたのかわかります。

マネジメントの知識としては、税引き前利益という会計上の利益から課税所得に至る計算のメカニズムと実効税率を理解しておくことが必要です。理解を容易にするため、税引き前利益から課税所得、法人税等繰入額に至るメカニズムを図表5-2にまとめておきましたので、参考にしてください。

図表5-3　損益計算書中の税金関連項目

科目	金額（百万円）	実効税率
税引前当期純利益	22,643	100.00%
法人税、住民税及び事業税	8,212	36.27%
法人税等調整額	（1,394）	-6.16%
法人税等合計	6,818	30.11%（※1）
当期純利益	15,825	

※1：税引き前利益に対する法人税等合計30.11%は法定実効税率29.74%に対する実際の実効率（表面税率）。差額の0.37%は主として税効果の対象にならない交際費損金不算入などの差異から構成される。差額調整は有価証券報告書の脚注事項で開示。

著者作成

税効果会計の適用によって生じる法人税等調整額

もう1つ忘れてならないのが、法人税等調整額です。法人税等調整額とは企業会計上、税効果会計の適用によって生じる税効果をいいます。税効果会計とは、会計上の利益と税務上の所得が一致しないことから生じる差異を合理的に期間配分するための企業会計上の処理です。

法人税等は、課税所得に実効税率の29・74%を乗じて算出しますが、会計上の税引き前利益と税務上の課税所得は異なるため、実際に納付する法人税等の額と、税引き前利益に実効税率を乗じた額に差が生まれます。この差額を調整するのが法人税等調整額であり、法人税等繰入額に調整額をプラス・マイナスすることで会計

図表5-4　主要国の法人実効税率比較

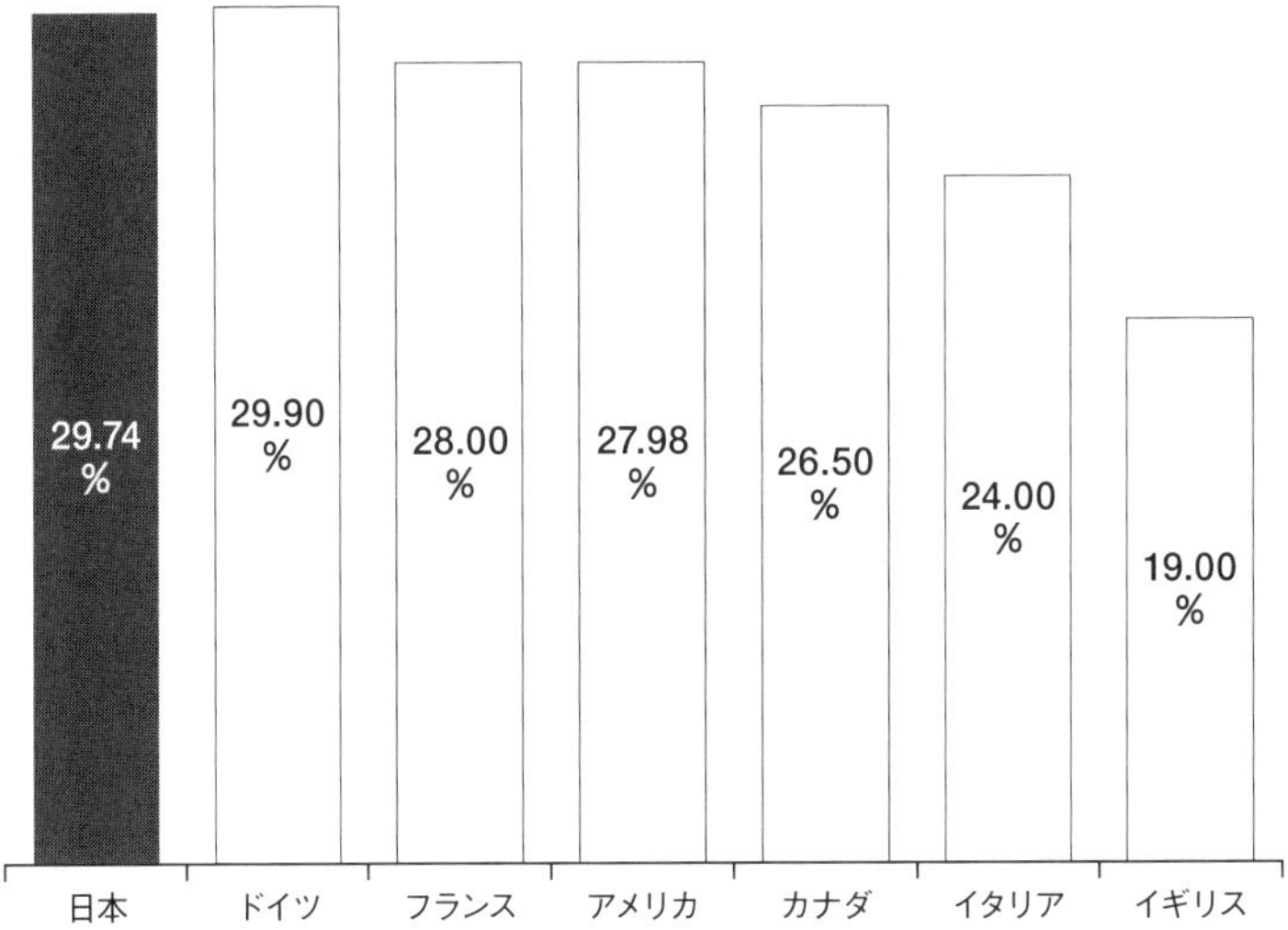

出典：法人課税に関する基本的な資料（財務省）より

上の税引き前利益と、法人税等合計額という税金費用の対応関係が成り立つのです。参考までに、有価証券報告書の損益計算書中の税金関連項目を表示しておきます（図表5－3）。

国際税務を考える

ここに示した図表5－4は、2020年1月現在の主要国の法人実効税率比較です。日本の実効税率は2011年度の改正前までは39・5％であり、アメリカと並び主要国中、最も高かったのですが、第二次安倍政権になって順次引き下げられ、現在、29・74％です。ここ10年近く、各国の法人税は引き下げられる傾向にあり、主要国の実効税率は20％台まで下がっています。

フランスは、２０２２年には25％、英国は17％まで引き下げる予定です。なおこの図表には含まれていませんが、中国の基本所得税率は25％です。日本の事業税、住民税に相当する税金はありません。

日本の実効税率は相変わらず高い

主要先進国はどの国も財政政策上、景気動向に左右される法人税に頼るよりも広範、かつ安定的に課税できる消費税に移行する傾向にあります。

たとえばＥＵでは、ここ10年順次、付加価値税（ＶＡＴ）は引き上げられ、現在、ＥＵ内における税率は17～25％（平均20％前後）です。ＥＵ加盟国は原則、閣議で税率を決定できますが、日本では国会の承認が必要です。国民の消費税増税に抵抗感が強いこともあり、法人税率を引き下げてはみたものの、消費税をなかなか10％まで上げられず、長い間税収が低迷する状態が続いていたのはご承知の通りです。

私見になりますが、１９９０年代初頭のバブル崩壊後、日本は長い間、景気が低迷し、国の歳入もままなりませんでした。この間、税収不足を借金で賄ってきたこともあって日本は借金大国になっています。

２０１２年の第二次安倍政権以降、多少景気がよくなり、税収が上向いてきたところに、２０２０年初頭からはじまったコロナ禍による対策で、歳出が大幅に増えています。国としてはいずれ増税によって賄わざるをえません。われわれは法人・個人を問わず、このことを覚悟しておく必要があります。「蟹は甲羅に似せて穴を掘る」のたとえ通り、法人であれ個人であれ、単純な経費削減ではなく無駄な費用を見つけ出し、削っていく必要があるでしょう。

前述の通り、日本の実効税率は30%をわずかに下回った29・74%であり、他の主要国と比較しても、相変わらず高止まりしていることに変わりません。今回のコロナ禍も影響して、近い将来法人税率を上げることはあっても下がることはないでしょう。また、時の政府にとってトラウマになっている10%の消費税率も、当面これ以上、上げることはなかなかできないと思われます。

事態はかなり深刻です。赤字国債の日銀引き受けは、変動利付永久国債への転換で当分凌ぐとしても、インフレが絶対に来ないという予断は禁物です。日銀による買い入れ株式（ETF）の処理も、株価が暴落したらどうなるのか。楽観すべきではありません。

国際税務戦略とクロスボーダー取引

一般論になりますが、国際税務とは国をまたいだクロスボーダー取引、即ち海外からの投資または海外への投資に関連して発生する税務であるといえます。これら国境をまたいだ経済活動には当然、「ヒト、モノ、カネおよび情報」の流れも付随して起こります。そこには必ず税金がついて回ることを忘れてはなりません。具体的にいう、ヒトの動きに関しては海外駐在員の個人所得税、モノの移動に関連する移転価格税制、カネ（資本）が動くことで起こる過小資本税制、租税回避を目的とした低課税国に対するタックス・ヘイヴン税制などです。

国際税務には、国内の税務問題と違って厄介なことがあります。すなわちクロスボーダー取引に関連する税務問題は、2国間（もしくは多国間）取引であるため、国同士で税金の取り合いという政治的思惑が入ることです。最近では、グーグルをはじめとしたGAFAと呼ばれる巨大デジタル企業による行き過ぎた税務戦略が批判の的になりました。即ち、税金を最小化するため低課税国に意図的に所得を移転し、税金そのものと連結損益計算書中の実効税率を極端に低くすることです。

このような法の間隙を縫う、「極端な課税逃れ」を防止するため、2017年、OECD加盟国はBEPS（Base Erosion and Profit Shifting・税源浸食と利益移転）と呼ばれる多国間協定に署名していますが、具体化するには時間がかかりそうです。まだOECD内でプロジェクトとして立ち上がったばかりで、今後、防止のための包囲網がどう作られ、各国の税制にどのような影響を与えるのか注意しておく必要があります。

国際税務戦略とは、これらクロスボーダー取引と関連する税務処理を事業取引（収益、または費用）の一部と考え、税引き後利益の最大化を図ることです。ただし、注意しなければならないのは法的合理性があることが条件です。一歩間違えば脱法行為になる、きわどい税務処理は避けなければなりません。短期的には問題なくても、長期的には企業価値が棄損されるレピュテーションリスクにつながるからです。皆さんにはマネジメントとしてクロスボーダー取引の表だけでなく、その裏にどのような税務問題が控えており、企業経営に与えるリスクの存在を知っておいてもらいたいのです。

税務部門の国際化と専門人材の確保をどうするか

クロスボーダー取引の中での重要な課題は、移転価格(Transfer Pricing)です。移転価格を簡単にいえば、親子もしくは関係会社間で行われるグループ内取引に際し、意図的に価格設定をして利益の移転を図ることです。移転価格は国際税務戦略上、最も重要なテーマであり、時として一企業の問題を離れ、国家間の税金の取り合いであることを忘れてはなりません。国際税務戦略を考えるうえで、留意すべきポイントを記しておきます。

- 既存の優遇税制の適用漏れはないか。
- 日本と相手国の租税条約の有無を確認し、利用しているか。

・関税、付加価値税、ロイヤルティや配当にかかわる源泉税の二重課税は起こっていないか。
・海外駐在員の個人所得税の支払いに漏れはないか。

こういった多方面にわたる複雑な問題を処理するためには、いかにして多国間取引に精通した有能な人材（タックス・スペシャリスト）を確保するかが重要なポイントになります。

ちなみに、共著者である近藤さんは、ソニーに転職した際、CEOの出井さんから与えられた2番目のテーマ「実効税率におけるゼネラルエレクトリック（GE）との格差をどう解決するか」（CHAPTER4参照）に対応するため、「実効税率の格差解消の手段として、東京本社の国際税務部門をニューヨークへ移したのです。そのヘッドにペプシコの国際税務部門でナンバー2の女性のカレン・ハービーさんというタックス・スペシャリストを採用しました。

もちろん、東京本社の税務部門は国内の税務だけでなく、アメリカとの移転価格税制などにも精通していましたが、多国籍企業として目を配らなくてはいけない各国の税制に通暁しているわけではありませんでした。また、国際税務問題を専門とする弁護士（Tax Lawyer）の数が日本では絶対的に不足していました。彼女はその後20年近く、同じ立場でソニーの国際税務を担当しているとのことです。

東京とニューヨークでは、専門人材の層の厚みが大きく違うのです。残念ながら日本にはまだまだ実務的な観点から「国際租税戦略」を立案し、実行に移せるタックス・スペシャリストは多くありません。

また、日本国内だけでなく海外の税務当局との間で問題が発生した場合、時として税務訴訟も辞さないという覚悟も必要です。そのためには経営トップの国際税務戦略に対する理解が欠かせません。

タックス・ヘイヴンの取り扱いには要注意

タックス・ヘイヴンは、タックス・ヘブン（税金天国）ではありません。一部の特定国が税制上の優遇措置を設け、域外の個人や企業を呼び込み、雇用や歳入を維持している国のことを指します。読んで字のごとく「税金回避国」と呼ばれ、税金を払いたくない一部の富裕層や企業が利用しています。彼らは資金や所得をそれらの国に意図的に移転させ、自国で税金を払うよりも低く抑えようとしているのです。

タックス・ヘイヴンとして名の知られている国や地域には、英領バージン諸島、ケイマン諸島、パナマなどがあります。脱税の温床になったり、反社会的企業がマネーロンダリングに使ったり、テロリストの資金の秘匿、貧富の格差が拡大するなど、法的には問題がなくとも、本来の税制機能を破壊するリスクが存在します。資本主義社会にとっては深刻、かつ重大な問題であるといってよいでしょう。資金を移動する際のハードルが低くなったこともあり、資本主義の「鬼っ子」といってよいかもしれません。

注意しなければならないのは、タックス・ヘイヴン国以外にも、税率が低く、特定の取引を優遇するなど、租税回避ととられかねない国があることです。たとえば、富裕層を優遇しているオランダ、特定の事業活動を優遇しているアイルランド（12・5％）、税率が低いうえに多くの優遇措置が存在するシンガポール（17・0％）などです。

こういった国々との取引には注意が必要です。一歩間違えれば、本国でタックス・ヘイヴン税制の網をかぶせられるからです。

これらの行き過ぎた行為をコントロールするためのタックス・ヘイヴン税制や最近、話題になっている前述のBEPSなど、対応策が整備されつつありますが、法の抜け穴をすべて閉じるのはむずかしいのが現状です。どの国も自国が保有する税務情報を他国に開示するのは税制上、不利になることがあるからです。直接聞いた話ではありませんが、海外企業の買収に際し、十分な事前調査をしなかったため、買収後にタックス・ヘイヴンの対象国に孫会社が存在することが判明し、処理に困ったという笑えない話もあります。国際税務戦略、それは税務リスクと密接不可分であることの認識が必要です。

多国籍企業の税務に関する立ち位置の違い

仮に皆さんが、ある事業会社のCFOだったとしましょう。そのときに、親会社だけでなく国内外の関係会社を含むグループ全体の未解決の税務問題（タックス・リスク）を把握していますか。

もし、把握していないとすれば、税引き前純利益に直接ヒットする「税金」という重要な費用の認識が低いといわざるをえません。特に海外関係会社のタックス・ポジションは税務戦略上、親会社で統一してコントロールし、現在、どの企業でどのような税務リスクを抱えているのか、そのリスクの大きさと対処など、情報をアップデートし、定期的にリスクアセスメントをしておく必要があります。

さもないと、現地の税務当局だけでなく、日本の税務当局から税務調査を受けた際に予想外のところから刃を突きつけられることになっても不思議はありません。そしてある日突然、「ｘｘ会社、ｘｘ億円の脱税か」という新聞記事になり、新聞記者から追及された挙句、仕方なく「当局との見解の相違はあったが支払いはすませた」という、奥歯にものが挟まったような対応をすることになるのです。

本来、外部に漏れるはずのない、「税務上、白か黒かはっきりしない取引」を新聞記者がどこから入手し、それを記事にしたのかわかりません。誰かが情報を意図的に流出し、結論を有利な方へもっていこうとした結果だ、ということを聞いたことがありますが、真相は藪の中です。年に何回かはこういった記事が新聞をにぎわせるので、注意してみておくとおもしろいです。

ＣＦＯである以上、税引き後の当期純利益まで責任をもつのは当然です。他方、租税は国家歳入の最も重要な構成要素の１つです。税務当局は国家権力そのものだと認識しておくべきでしょう。わたくしがＣＦＯをしていたとき、税務調査で問題となるような取引が会社ぐるみと判断され、重加算税をかけられることだけは避けるべく対処していました。まして説明のできない使途秘匿金などは論外です。なぜならば意図的に売上を外す、架空の給与支払いや経費の水増しを行う、在庫の過少計上など、虚偽行為をするわけですから、ペナルティは当然重くなり、通常の法人税に加えて、40％近い追徴税を支払うこととなります。また、金銭的負担の大きさだけでなく、会社の信用に大きなダメージを与えます。重加算税、それは脱法行為です。追徴税を払ったから問題は解決したではすまされません。特に上場企業においては信用にかかわることであり、あってはならないことを肝に銘じておくべきです。逆に、明らかに不合理であると思われる判断に対しては、納税者として当然「そうではない」と主張すべきです。

税金の管理を経理部門に任せっぱなしという日本企業の現実

税金について考えるとき、国は企業に対し課税権を有していることを忘れてはなりません。一方、企業から見た場合、税金は費用であるという認識が必要です。もちろん脱税行為は論外ですが、経営者として費用である税金は、合理的な範囲で最小化を図る必要があるということです。税務当局による明らかに不合理な認定は、納税者（Tax Payer）として、国税不服審判所に判断をゆだねることも必要です。

損益計算書上、法人税等繰入額は税引き前利益のすぐ下にあります。すでに販管費や営業外損益を控除した後の数字ですから、逆算すると１００円の税金費用の節約が１０００円近くの売上に匹敵することを忘れてはいけません（あくまで仮置きの数字です）。以前、海外の機関投資家から「日本企業の経営者は、欧米の経営者と比較して税金に関心が薄いのではないか」と聞かれたことがあります。「理由はいくつか考えられるが、業績を投資家視点、即ち税引き後純利益で見ることに慣れていないのが大きな原因ではないか」と、答えた記憶があります。

日本企業の経営者、特に高度成長期を経験されている方々は長い間、金融機関を見て仕事をしてきました。それは資金調達を株主に頼るのではなく、銀行からの借入金に頼っていたからです。日本の経営者はどうやって銀行借入金を返済するための原資、即ち支払利息の上にある営業利益を確保するかが関心事でした。配当に直結する税引き後の当期純利益（ボトムライン）は、あまり重要視されていなかったのです。実質的な大株主である金融機関に安心してもらうために、売上高から営業利益までは注意を払うのですが、その下にある法人税等繰入額の計上に関しては、経理部門に任せっぱなしにしていたともいえます。

そして、日本の経営者のほとんどは企業内から昇進した経営者で、源泉徴収後の給与で生活することに慣れていますので、税引き前の所得（キャッシュ）ということの実感がありません。住宅ローンの返済も、実は税引き後のキャッシュで行っているということへの理解が欠けています。

年末調整で、なぜ住宅ローン控除が受けられるのかあまり考えていない人が多いのではないのではないかと思います。日本人と日本企業は税金というものに対して、「税金は取られるもの、もしくはやむを得ない」という後処理の意識が強すぎるのではないでしょうか。これでは税金に関して受動的な対応に終始し、積極的なタックス・プランニングはできません。

多国籍企業VS国家が繰り広げる税を巡る戦い

皆さんの会社では、税務担当グループが経理部から独立した「CFOの直轄組織」になっていますか。もし、経理部のスタッフが決算業務の片手間に税務対応をしているとすれば、欧米企業と比較して、税務戦略が大きく立ち遅れているといわざるをえません。通常、欧米のグローバル企業はCFO直轄の税務部門をもち、実効税率をいかに低くするか、税引き後のキャッシュを最大化するか、多大な努力を払います。

わたくしが日本マクドナルドのCFOをしていたとき、年に数回、シカゴにあるマクドナルド・コーポレーションの本社に出張していました。そこには経理部門から独立したCFO直轄の税務部門があり、20名前後の税務専門家を抱えていました。アメリカだけでなく、海外の税務情報、税務リスクを常にアップデートし、毎年フランチャイズから送金されてくる多額のロイヤルティにかかる源泉税が二重払いになっていないか、いかにして税額控除を最大化できるかなど、極めて戦略的な業務をこなしていました。

ようやく税務の重要性に気づいた日本企業

最近は日本の大手上場企業も税務の重要性に気づき、経理部から税務グループを独立させ、戦略的な対応をしている企業もあると聞いていますが、人材や知識の集積はまだまだです。日本企業との違いを知るには、ファイザーやIBMのようなグローバル企業のアニュアルレポートを入手し、日本の同業他社と比較分析することです。実効税率の比較はもちろん、脚注にある「税金項目」を読めば、彼らの税務戦略の一端を垣間見ることができるでしょう。

大手製造業の生産体制の維持に欠くことのできない、部品メーカーの海外進出についても触れておきましょう。彼らの海外進出の主目的は、大手納入先企業に協力して現地に子会社を設立し、日本国内と同様、グローバルなサプライチェーンの一端を担うことにあります。では、納入先である大手企業と同様の国際税務戦略をとっているか。残念ながら、対応できていないのが現実ではないでしょうか。大手会計事務所の税務部門からタックス・アドバイスを受けることも可能ですが、費用が高すぎてコスト・パフォーマンス上も見合いません。まだまだ現地法人の売上を確保し、営業利益を出すのが精一杯ではないでしょうか。まずは税引き前利益を出せるだけの業績の確保に重点を置き、目途が立った段階で、税務戦略を立案することをおすすめします。もちろん、進出先国で用意している「税制優遇措置」があれば、利用するのは当然です。

新型コロナウイルスが税金に与える影響

2020年度、政府は新型コロナ（COVID－19）に対処するため巨額の補正予算を組み、歳出総額は175兆円に達しています。税収の減少と相まって赤字国債の発行も100兆円を超えます。その結果、2020年度は歳出の64％を借金に頼らざるをえなくなっている異常事態です。2021年度に入ってもコロナ禍は収まらず、政府による多方面への臨時支出が発生し、赤字国債の削減などという議論はどこかに飛んでいってしまっています。2021年度も106兆円という巨額の予算が組まれています。今後の状況はCOVID－19の収束次第ですが、補正予算が組まれる可能性は高いとみておく必要があるでしょう。

今、日本と世界で起こりつつあること

現在、誰もが2011年の東日本大震災の復興に充てるため、所得税の2・1％を震災復興税と呼ぶ特別税を納めています。今回のCOVID－19についても同様、いずれ特別税を新設するか、所得税率を上げるか、もしくは個人の金融資産に課税するかの手当てをせざるをえないでしょう。55兆円の税収で100兆円を超える支出を賄うことはできませんから。納税者としての個人も、法人としての企業も、い近い将来、増税という現実に出会うことを覚悟しておく必要があります。

日本と同様、各国も大型の補正予算を組んで、今回のパンデミックに対処しています。コロナ収束後の増税の問題は日本だけにとどまりません。主要各国も増税に向かうことは必至です。そして、アメリカをはじめとした日本を含む主要国によるマネーストック（M2）は、歴史的水準に達していることに留意しておかねばなりません。

ところで、2021年6月にロンドンで開かれたG7の財務相会合で参加各国は、グローバル企業への課税強化を視野に入れた歴史的な合意に達しました。企業が商取引で実際に所得をえている国で納税するような制度を作るほか、法人税で各国共通の最低税率15％以上を目指すことで一致しました。このことはコロナ前まで常態化していた、主要国の法人税引き下げ競争に歯止めをかけることになります。

これにともないCOVID－19による危機的状況の中で、大規模な財政出動を迫られてきた各国政府

に、数十億ドル単位の税収が見込まれます。このテーマは2021年7月の主要20カ国・地域（G20）財務相・中央銀行総裁会議に議論が引き継がれ、中国やロシア、ブラジルなどが追随を迫られます。実現すれば巨大デジタル企業のアマゾンやフェイスブックなど、GAFAが影響を受ける可能性が高いのです（その後の動きについては「コラム08-(4)を参照」）。

一方、低税率国の筆頭であるアイルランド（12・5％）にとっては、大きな打撃になるでしょう。将来的には、移転価格を含む企業の国際税務戦略にも大きな影響を与えることにもなるかもしれません。いずれにしてもCOVID-19が、今まで利害調整のむずかしかった税務の課題解決を加速化しているといってよいでしょう。参考までにコロナ後に向けて現在、話題となっているグローバルな税制改革の動きをまとめておきます（詳細は省きます）。

- バイデン政権下におけるアメリカの税制改革。
- デジタル経済（DX）への課税に関する未解決なグローバルレベルの課税環境の整備。
- 新型コロナウイルス（COVID-19）の影響による経済復興にともなう税率の引き上げ。
- EU諸国による国境炭素調整税（カーボン・プライシング）の導入。

などです。

今こそ経済合理性に基づくタックス・マネジメントが必要

企業は国際競争力を高めるためにも費用としての税金をいかにして最小化するか、親会社単体の税務だけではなく、グループ、特に海外関係会社を含む国際税務戦略（International Tax Planning）の立案と実行が求められます。念のためにいっておきますが、脱法行為をすすめているのではありません。経済合理性に基づく、きわめて戦略性の高いタックス・マネジメントの必要性をいっているのです。

事業会社で働くようになって、気がついたことがあります。年次予算の策定にあたり、ターゲットとする目標利益は一番下の税引き後純利益ではなく、税引き前利益（もしくは営業利益）であったことです。これは何を意味するか、「法人税繰入額は費用ではなく国に納める税金であり、企業努力ではどうにもならない与件である」という程度の認識しかないということです。この程度の認識では連結財務管理の観点から国際税務戦略を立案し、実効税率を最小化しようという発想が欠落しているといっても過言ではありません。

われわれは「税金は取られるものではなく、税引き前利益の30％近い税金を国家に対して納めているという」タックス・ペイヤー（納税者）としての意識をもつ必要があります。そして国家歳入の中で重要な地位を占める税収と使途を注意深く見ておく必要があります。

あえていわせていただきます。ここ30年、私企業が必死になって生き残りをかけている中で、巨大な組織になってしまった永田町と霞が関が痛みをともなう組織の効率化、生産性の向上に手をつけたとは思えないのです。それは今回のコロナ禍の中で、彼らがどう動いたかを見れば一目瞭然です。

ビジネスパーソンが留意すべきポイント

それでは今までお話してきたタックス・リテラシーに関して、ビジネスパーソンとして留意すべきポイントをまとめましょう。

① 税務部門を経理部門から独立させ、CFOの直轄組織にする。

税金問題は取引相手が国家であるということを考えた場合、経理部が片手間にすませられる性質のものではありません。主要先進国で税務部門が独立してコントロールされていない企業が多い国は、日本くらいだといっても過言ではありません。

② 親会社だけでなく、グループ全体の税務情報を統一管理する。

企業業績と財政状態およびキャッシュ・フローは親会社単体ではなく、グループ全体で統一管理するのはマネジメントの常識です。税法が国によって違うとか、税金は取られるのだから個社単位での管理もやむをえない、と考えている経営者がいるとすれば、まったくのナンセンスです。

③ タックス・ヘイヴン国を使って、取引の実体から離れた所得操作に近い、法の間隙を縫うような行き過ぎた節税対策はやるべきではない。

企業が多国籍化すれば当然、経営者の責任も多様化します。ビジネスパーソンとしてのセンスを疑うような、度を過ぎた租税回避行為で実効税率を下げることは経営者としてのモラルが疑われます。

④ 1000の税金費用の削減は1000の売上増に匹敵することの認識が必要（仮置きの数字）。

税引き後純利益に直接ヒットする法人税等繰入額は、定量的にも定性的にも無視できない重要な科目です。税金も費用である以上、合理的に最小化を図るのは経営者の仕事です。税務部門は財務経理部門の中で唯一のプロフィットセンターであるといってもよいでしょう。

⑤ 税務リテラシーは会計リテラシーと密接につながっており、コインの裏表の関係である。

2つのリテラシーを磨くことで企業活動を複眼で見ることができます。時には正面玄関からだけでなく、バックヤードから見ることも必要です。

COLUMN 08 税の世界特有の用語の意味

本文中の「国際税務戦略とクロスボーダー取引」でBEPSの話をしました。関連して、知っておくと便利な「税務特有の用語」ついて交通整理をしておきます。納税者の租税負担を減少させようとする行為は、脱税（Tax evasion）、節税（Tax saving）及び租税回避（Tax avoidance）の3つに大別されます。

(1) 脱税（Tax evasion）

脱税とは「納税義務者が偽りなどの不正行為により、事実関係の一部もしくは全部を秘匿し、課税を免れることや、還付を受けること」と定義されています。脱税は明らかな犯罪行為であることを認識しておくべきです。

(2) 節税（Tax saving）

節税とは「税法の規定する範囲、即ち控除や非課税制度を用いて、支払うべき租税負担を軽減もしくは非課税とする行為」と定義されています。納税者としては合理的な税金の最小化のため、ある意味、当然の行為といってよいでしょう。

たとえば、長期譲渡所得の課税の特例の適用を受けるなどです。また、マレーシアなどアセアンの一部の国では投資奨励の一環で外国法人に対して、一定期間法人税を免除する制度（パイオニアステータスの付与）があります。連結ベースで見た場合、こういったタックス・インセンティブも節税の中に含まれます。

(3) 租税回避（Tax Avoidance）

租税回避とは、税法が想定していないやり方で税負担を減少させようとする行為です。脱税が課税される要件がありながら、これを隠す行為であるのに対し、違法ではないが、法の範囲を潜り抜けるような不自然、不合理な取引形態をいいます。

前述のBEPSでも言及した聞きなれない言葉、「税源浸食（Erosion）」も税務回避の範疇に入ります。法的に問題なくても経済活動の実態がともなわない、「タックス・ヘイヴン国や低課税国に所得を意図的に移転させ、本国の税収を著しく浸食させる行為」といえます。

(4) 法人税の最低税率を15%にするという多国間の合意

以前より、国をまたいで所得を移動させ、グループ全体の実効税率を最小限に抑えるという、タックスプランニングの手法は多国籍企業で使われていたのはご承知の通りです。ここ数年、GAFAなど巨大デジタル企業の実効税率が著しく低く、行き過ぎた租税回避行為ではないかと問題になっていました。

2020年からはじまったCOVID-19の最中、2021年10月8日、OECD加盟国を含む136カ国が法人税最低税率15%とするということで合意に達しました。次いで13日、G20の財務相・中央銀行総裁会議は法人税最低税率を15%にするなどの枠組みを含めた共同声明を採択しました。これはGAFAをはじめとする巨大多国籍企業による、行き過ぎた「租税回避」行為に歯止めをかけることが背景にあるといってよいでしょう。

彼らが所得を意図的に低税率国(例:アイルランド12・5%、ハンガリー9・0%などの国)に移し、グループ全体の税負担を軽くするため、法の隙間を縫うような「行き過ぎた国際税務戦略」への対応といえます。主な合意内容は、まず企業に課税する法人税に15%という世界共通の最低税率を設けること。もう1つは工場や店舗のような物理的施設、即ち恒久的施設(PE:Permanent Establishment)がなくても課税ができることです。「PEなくして課税なし」という課税の大原則を100年ぶりに転換するという大きな出来事です。

ただし、この問題は大枠で一致しても2国間で合意しなければ、実行に移せないというハードルがあります。もともと国際税務の問題は国家間の税金の取り合いであり、利害調整がむずかしい分野です。具体的な導入は2023年からといわれていますが、これからが正念場です。

CHAPTER

06

あなたの組織はリスクへの盤石な備えはあるか

コーポレート・ガバナンス体制を維持できる眼を養う

100

コーポレート・ガバナンスという言葉が、頻繁に使われるようになったのは、最近のことのように思われます。日本語では企業統治と訳されていますが、ひと言でいえば、企業の経営者が社会の指弾を受けたり、企業経営の方向を大きく間違えたりしないようにする仕組みのことです。

企業で働く一人ひとりにとっても他人事《ひとごと》ではありません。企業のステークホルダー（利害関係者）といえば、まず株主で、経営トップは株主利益の最大化が最大の責務といってもよいかもしれません。しかし、企業のステークホルダーには、従業員、取引先、消費者、さらには地域住民から地球環境まで含まれています。

コーポレート・ガバナンスを理解すること、それは読者の個々人の業務にも大きな影響を与えます。なぜならば、ガバナンス体制が整備され、適切に運用されていることは、皆さんが働いている企業という組織の土台のようなもので、その根太が腐っていたり、緩んでいると、上に構築されている母屋が崩壊してしまう恐れがあるからです。

ところで、CHAPTER4で述べた出井さんから与えられたテーマの4つ目は、「韓国サムスン・グループの実態把握」でした。当時、韓国はいくつかの財閥グループが韓国経済の大きな部分を握っていました。

しかし、上場企業でありながら欧米諸国や日本では当たり前の連結財務諸表を通して開示されるグループの全体像が見えなかったのです。出井さんの韓国サムスン・グループへの関心は、主要取引先として安心して長期契約ができるかどうかという視点であり、同時に将来有力な競争相手となりえる企業（当時は、ソニーがサムソンよりはるかに大きな企業でした）への関心だったのです。CHAPTER 6では、誰もが他人事ではいられない「コーポレート・ガバナンス」の視点で、

・サムスンの実態
・東芝の不正会計
・カルビーのコーポレート・ガバナンス体制

について言及していきます。

CASE 01 サムスン 「親会社と子会社」間の歪なコーポレート・ガバナンス

サムスン・グループには、サムスン電子、サムスン生命、サムスン造船、サムスン物産など数多くの子会社群が存在し、各社間の資本・資金取引が複雑でグループ全体の把握は困難でした。1997年から

はじまったアジア通貨危機もあって、ソウルへは何度も出張して、自動車事業から撤退するなど、ピンチに陥ったサムスンの実態を聞きまわったことがありました。

印象的だったのはサムスン電子から、ウリィ銀行へ移った黄頭取の話でした。

「アジア通貨危機のあとサムスン・グループの中でサムスン生命が国内シェアを独禁法のリミット（50％）まで伸ばして現在グループを支えてくれている。自動車事業撤退における損失は、具体的な方法は明らかにされていないが、李会長が個人的に穴埋めしたと聞いている。サムスン・グループの中にいても、メンバー企業間の資本関係や資金のやり取りが極めて複雑で、子会社の役員には全容がわからない」

といわれ、そのまま出井さんにお伝えしました。

サムスン電子は当時の売上3兆円から、現在は23兆円企業へと20年間で約7倍の成長を遂げ、ソニーよりはるかに大きい企業になっています。しかし、今なおニューヨークに上場していません。今後、グループ全体のコーポレート・ガバナンスの異質さが財務面の弱点になる懸念が払拭されていないのではないかと思います。

サムスンが抱えるコーポレート・ガバナンス上の問題は、韓国財閥グループに共通する問題でもあるのです。さらに、現在の文政権による反財閥ポジションを取る経済政策が韓国企業全体のリスク要因と考えられるようになっています。

利益相反から見た「親子上場」問題を考える

この異質という点について、日本の企業グループには、「親子上場」という問題があります。徐々に解消されつつあるとはいえ、まだ数多くの上場企業が上場子会社を保有しています。親子の株主間の利益相反という観点から見ても、コーポレート・ガバナンス上、大きな問題となります。ちなみに、日立は構造改革の一環で２００６年には22社あった上場子会社を、２０２０年には日立金属と日立建機の２社にまで減らしています。

もう１つの視点は、コングロマリット・ディスカウントということにあります。異業種まで幅広い企業をグループ内にもつ複合企業体の価値は、構成企業の企業価値の総合計よりも低くなるという事実です。多様化が進んだ企業グループのほうが安定してよいという視点もありますが、実際には成長分野への集中と選択がむずかしいだけに、全体の企業価値は下がってしまうという事実です。

不祥事で世上を騒がせることは、日本だけでなく、どこの国でも企業経営者にとって最悪の事態です。ステークホルダーにとっては論外ということになります。ことが起これば、コーポレート・ガバナンス体制が問われますが、日本の場合、企業風土の問題に起因する場合も多いと思います。終身雇用・年功序列に支えられた経営者が大半だからです。

CASE 02 東芝

社外取締役を増やしたことが仇に

東芝の不正会計事件の核心は、会社ぐるみの粉飾決算を社内の監査委員会と外部の監査法人が看過したことでした。東芝という日本を代表する大企業のガバナンスが問われたのです。

事件が公になったのは２０１５年５月、東芝が決算発表延期および配当見送りを発表。７月20日、粉飾決算を調査した第三者委員会報告書の全文を公表、田中久雄社長や前社長の佐々木則夫副会長、その前の社長である西田厚聡相談役ら直近３代の社長経験者を含む経営陣９人が引責辞任。９月14日、東京証券取引所は、東芝株を「特設注意市場銘柄」に指定しました。

翌年、５月12日の決算発表では、日本の事業会社として過去最大となる７１９１億円の営業赤字と、東芝として過去最悪となる４８３２億円の最終赤字。６月22日、この粉飾決算事件を受けて、会計監査人がＥＹ新日本監査法人からＰｗＣあらた監査法人に交代しました。

この間の東芝の株価推移を見ると、２０１４年７月以降急落し、ほとんど半値となっています。そしてなぜか、翌年の最悪の決算発表や監査法人の交代のあと（新経営陣への期待からか）、株価は一旦戻すのですが、２０１７年以降は元の木阿弥になりました。

図表6-1　東芝の株価推移

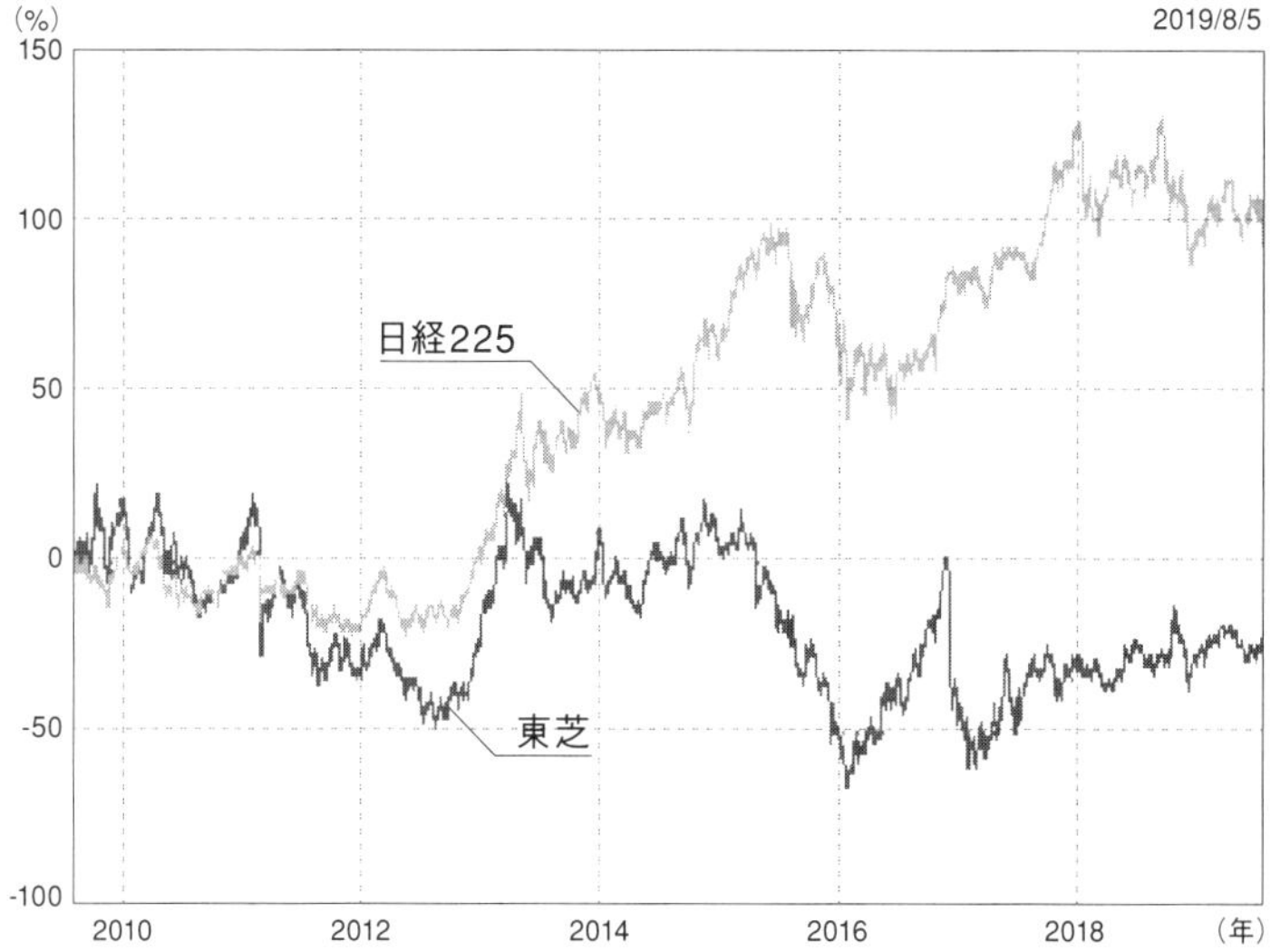

出典:©2019 Yahoo!ファイナンス

決算は作るものという考え方を捨てよ

カルビーで石田さんと社内勉強会を開催していた頃、東芝の粉飾決算事件が発生しました。スライドはガバナンスのあり方をテーマに議論したときに、社内で使ったものをアップデートしたものです。このとき議論したのは、東芝の監査委員会のあり方でした。

ご承知だと思いますが、東芝はこの事件前からガバナンス体制として「委員会設置会社」を採用していました。取締役会の下に置かれる指名・報酬・監査の3つの委員会は社外取締役が過半数で構成され、執行役員の管理・監督が適切に行われているはずだったのです。

当時の監査委員会も、5名中3名は社外取締役でした。事件後、これを4名全員を社外にするのですが、なぜなのか、理由は不明です。カルビーは監査役会設置会社で、監査役4名中3名が社外監査役です。公認会計士の石田正さん、弁護士にして公認会計士の谷津朋美さんと、金融出身の近藤章、そして常勤監査役（社内）、元財経本部長の平川功さんでした。東芝が元外交官だとか有識者と呼ばれている人を社外から監査委員会に入れても、形だけでガバナンスの向上には、まったく役に立たなかったということではないかと思います。

監査法人の問題はその適性に関し、もっと深刻ではないかという話になりました。このためカルビーは監査役会の判断で新日本監査法人（EY）から有限責任あずさ監査法人（KPMG）へ変更しました。わたくしたちは松本晃CEO（当時）の了解をえて、AIを使った監査手法のテストケースとして、KPMGにカルビーの財務データベースを全部開示して全件精査することをお願いしました。それまでの監査手法はサンプルチェックでした。

東芝の場合も全件チェックしていれば、初歩的な粉飾を監査法人はすぐ発見できたと思います（その後どうなったかは別として）。KPMGは連結会計ソフトのSAP社と近く、AI技術を駆使して全件精査の技術を開発していると聞いていたからです。財務データベースの開示と全件精査の提案に、即答OKできる大企業のCEOもしくはCFOが日本に何人いるでしょうか。

いまだに決算は作るもの、その技が財務・経理担当の腕と信じているのではないでしょうか。規模は違いますが、わたくしも国際協力銀行の会計監査人である新日本監査法人にも同様の全件精査をお願いしました。全件精査をコンピューターで行っていることが周知されれば、安易な伝票訂正による決算操作ができなくなることが期待されます。また、あってはならない経費の流用などの不正行為を防ぐことになると考えたからです。

CASE 03 カルビー 根回しゼロでもうまくいく

高度成長期、日本のコーポレート・ガバナンスは企業グループの頂点にいた銀行が担ってきました。2000年代初頭、高度成長の終焉とともに銀行を頂点とした企業グループは解体され、かつて君臨した銀行も合従連衡で往時の姿は見る影もありません。バブル崩壊後、長い経済低迷が続き、外国の機関投資家が主流になるにつれ株主の意向が強くなり、必然的にガバナンス体制の見直しが求められてきました。

現在、東証の1日の取扱高の60%近くは海外投資家によって売買されているので、当然の流れだと思います。この項では、こういった環境の変化の中で浮かび上がってきた新しい形のコーポレート・ガバナンス体制について話します。

企業のガバナンスのあり方でわたくしが一番多くのものを学んだのは、住友銀行でもソニーでもなく、ましてＡＩＧでもなく、カルビーでした。会計士でカルビーの常勤監査役をしていた石田さんの紹介で社外監査役を会長兼ＣＥＯの松本さんから依頼されたのが２０１４年のことでした。４年間、お世話になるはずが、国際協力銀行総裁就任のため2年で辞めなくてはならなかったのはとても残念でした。ただ、この2年間に企業のガバナンスとはいかにあるべきかを学び、国際協力銀行の運営にも役立たせてもらいました。

松本さんは初対面のわたくしに、「監査役だからといって遠慮しないで取締役会で発言してください。少なくとも、毎回1回は発言してほしい」といわれたのを昨日のことのように覚えています。今、松本さんの紹介で、FOOD&LIFE COMPANIES（スシローグローバルホールディングスより社名変更）の社外取締役を務めていますが、大阪本社での月例取締役会では、必ず発言・質問することを肝に銘じています。会社の執行役員・部長たちの説明を聞くだけでは何のための社外役員かわかりませんから。

上場会社の社外役員の役割は、株主総会で選任されているわけですから「株主の利益」を代弁することです。ＣＥＯをサポートするために選ばれているわけではありません。昔は、メインバンクから役員がお目付け役として任命され、「銀行による企業のガバナンス」を維持する役割を担ってきました。

しかし、時代は変わり、多くの日本企業の大株主は、海外を含む機関投資家になっています。今後は海外の機関投資家による、物言う株主が増えてくるでしょう。

カルビーは委員会等設置会社ではなく監査役会設置会社ですが、当時の取締役会は7名の取締役のうち、社内取締役は会長（CEO）、社長（COO）の2人だけ、あとの5人は社外取締役でした。監査役会も監査役4名の内、社内からの常勤監査役は1人だけです。まず驚いたのは、社外取締役の顔触れでした。キッコーマンの茂木友三郎さん、日立の川村隆さん、ユニ・チャームの高原豪久さん、ジャーナリストの福島敦子さん、そして20％の株式を保有するペプシコ利益代表の1名を加えた5名でした。

活発な議論を通して、皆さんのご意見を朝の9時からの3時間、じっくり聞かせていただいたのは、大変勉強になりました。たとえば、川村さんが披露された日立製作所の取締役会と役員選びのプロセスでは、学ぶことがたくさんありました。松本さんはこの話があった後、取締役会で主要執行役員候補者にプレゼンテーションをしてもらうことを導入されました。

ガバナンスが経営に効いているか

松本さんのカルビーの業績への貢献は絶大なものがありましたが、それにとどまらず特に印象深かったのは、女性管理職登用への真剣な取り組みでした。2020年までに女性管理職を30％にするという2030年までの目標に向かってまったく方針がぶれず、この目標実現のためには無言の抵抗があっても排除していくところに、トップダウンでやるのだという気迫を感じました。壁を破る（Break Through）

ということはこういうことなのだという感銘を受けました。もちろん、取締役会は全面的にサポートしていました。

国際協力銀行に移った後、ささやかながらわたくしも努力をしました。現在、女性管理職の比率は5％に満たない組織ですが、10年後、20年後には30％という目標に近づけることができるという望みをもって、総合職採用の際、男女比を5対5にしてもらいました。さらに、一般職は全員女性ですから総合職と一般職の垣根を撤廃するという提案をしました。しかし、そうすると初任給が全体として下がってしまうという国の予算上の制約などもあり、これは実現しませんでした。

最近、三井住友銀行が総合職と一般職の垣根を撤廃すると発表しましたが、とても良い経営判断だと思います。今後の進展を見守りたいと思います。案外、この方針への最大の抵抗勢力は、女性ということもありえると思うからです。トップの不退転の決意が必要です。

もちろん企業に求められるコーポレート・ガバナンスの問題は、女性登用など（Gender）の問題にとどまりません。コロナ禍で機能不全が白日の下に晒《さら》された日本の組織全般を見直す必要があります。重要なことは、社外役員を何人にすることを義務づけるといった外形の問題ではなく、実際に会社の経営にガバナンスは効いているかという内実の問題だと思います。ともすると日本の場合は、まず形から入るということが多いのが従来からの問題です。

松本晃・CEO率いるカルビー株式会社の取締役会は、わたくしにとって非常に新鮮でした。日本にもこういう取締役会があるのだという驚きでした。当時、わたくしは国際協力銀行の社外取締役に2012年から就任していましたが、まったく違った取締役会でした。

カルビーの役員には事前説明（レクチャー）がありませんでした。月曜日の取締役会の前の週末に大量の資料がメールされてくるだけです。一方、国際協力銀行の社外取締役には個室があって、取締役会や経営諮問委員会、そしてリスクアドバイザリー委員会メンバーには、事前レクチャーが担当者から懇切丁寧に行われます。いわゆる根回しの世界です。政府の各種審議会と同じなのだと思います。あるいは、日本の大企業のほとんどの社外役員も、このような状況ではないのでしょうか。

では、根回しを英語で何というのか調べてみました。「Digging around the root of a tree」は直訳です。「To lay the groundwork before the meeting」も英語での説明で、もともと英語には存在しないのでGoogle翻訳にもNemawashiとしか出てきません。日本経営特有のもので、「和をもって貴しとなす」という日本文化に深く根づいた合意形成を尊重する社会では、これをなくすのは大変な社会革命です。

歴史的に見ても、日本の大改革・革命は常に海の向こうからやってきます。明治維新は黒船がもたらし、戦後日本は駐留軍と一緒にやってきました。根回しをなくすという大改革も海の向こうからやってくるのではないかと思います。経営のグローバライゼーション（Global standardの導入）からはじまったと思います。

カルビーの取締役会には大株主ペプシコからの社外役員がいましたから、日本人の社外役員にだけ根回しをすることには問題がありました。根回しを事前説明といっても同じことです。

コロナ禍は日本企業の取締役会にオンライン会議を一般化しました。このような状況は、根回しの世界を2つの意味で遠ざけると思います。まず、根回しもオンラインでしなくてはいけません。これが1番目のハードルです。大きな影響があると思うのは、オンライン会議は日本流の合意形成には向いていない会議形態とみられるからです。また、会議の空気を読んで発言する、しないの判断がむずかしいからです。議長はその分、真剣勝負の会議運営技術を要求されます。CEOの松本さんは外資企業（ジョンソン・アンド・ジョンソン）の経験が長く、その点、抵抗感がなかったと思います。

ただし、説明して取締役会の承認をえなければならない報告者は大変です。事前説明も、質問取りも、根回しもできないためです。実際、カルビーの取締役会では、何度も再審議になった案件がありました。ただ、近い将来日本から根回しがなくなるほどの社会的な変革・革命が起こるかどうかはわかりません。令和年間に起こるとしたら、イノベーションのスピードと国際競争力を問われている日本企業からはじまると思います。日本的な合意形成を続けていては、国際競争について行けませんから。

カルビーの働き方改革「ダイバシティ」から学んだこと

日本企業の一人あたりの生産性はOECD加盟35カ国中21位で、下から数えたほうが早いというのが

図表6-2　組織のガラパゴス化とは何か

機能としての組織が利益共同体化する（組織のもつ性格）

1	2	3
規模を大きくしたがる。	権限を強化したがる。	構成員の居心地をよくしたがる。

出典：「松本晃」講演録

現実です。今でもジャパンブランドと呼ばれ、日本製品やサービスの質は世界でも指折りの高品質であるにかかわらず、なぜ、そこまで生産性が低いのでしょうか。

理由の1つに、CHAPTER2で近藤さんが述べた間接部門の不効率があると思います。一般的に、組織が大きくなり、複雑化し、ポジションが増えると、資料作成と配布、会議のための会議、根回しに使う時間が多くなります。日本の組織は権限委譲が不明確なため、たくさんの人間に資料が回覧され、ハンコの数が多い稟議書ができあがります。

あるいは、1日の仕事が終わり、直帰すればよいのに、一度は会社に戻らないと安心できない状況、社内のことしか話さない社員同士での飲み会、上司よりも先に退社できない雰囲気など、問題をあげれば枚挙にいとまがありません。組織が利益共同体化しているのです。2011年からはじまった、カルビーの働き方改革を主導した松本さんは、このことを「組織のガラパゴス化」と呼んでいました（図表6-2）。

よく世間で、カルビーの働き方改革は成功しているといわれますが、それはあくまでも結果論です。形だけ作って指示しても、働く人たちがついてこなければ何の意味もないからです。松本さんは、はじめから大上段に構えてスタートしたのではなく、「ダイバシティ（多様化）→女性の管理職登用→人事評価の仕組みの見直し→給与体系の変更→個々人の意識改革」という順序で適用していきました。逆転の発想といえるかもしれません。

チャレンジで結果が出た4つの取り組み

(1) 本社間接部門のフリーアドレス化

まず、２０１０年、本社を赤羽から丸の内へ移転したのを機に、フリーアドレス化を本社間接部門から実施しました。人間は放っておくと群れたがり、資料をため込みますから、部門ごとの島はつくらず、毎日どこの席に座るかは自分の意思が入らないシステムで管理することになりました。フリーアドレスを成功させるポイントとしては、役員自ら個室を廃止したことです。

彼らが部屋から平場へ出てきたことで、社長と新入社員が同じ目線で仕事をすることが可能になりました。重要な会議をするときは役員ブースの隣に防音でガラス張りの会議室が設けてありました。このように新入社員とマネジメント側とが上下に関係なく、お互いが何をしているか垣間見ることができ、ポジションの垣根を取り払えるからです。

営業部門のスタッフなどは、得意先に行くことが多くなるという効果も生まれています。会長、社長はもちろん、相手を役職で呼ばず「さん」で呼ぶことにしました。日本企業で頻繁に使われ、習慣化している「お疲れ様です」「ご苦労様です」という意味不明な日本語は、極力使わないこととしました。

次に手をつけたのは、仕事のツールの標準化です。すべてのスタッフに、三種の神器と呼んでいる「ラップトップPC」「スマホ」と執行役員以上には「iPad」を配布。これにより海外出張はもちろん、自宅作業を含む社外での仕事がしやすくなりました。もちろん、紛失した場合のセキュリティ対策は重要です。メールのやりとりで、注意しなければならないことがあります。それはメールを送ったことで、自分の仕事が終わったつもりになり、後は忘れてしまうという「Fire & Forget」状態になってしまうことです。

この勘違いを解消する方法として、たとえば、メールで送った重要な案件の返事が返ってこない場合、直接出向いて相手がきちんとフォローしているか確かめにいくことも必要です。時には相手がそのメールの重要性に気がついていないことがあるからです。メールでのやりとりが常態化しても、「Face to Faceのコミュニケーション」の重要さは変わりません。メールですませるやり取りと、対面で打ち合わせをするかの判断は、特にルールがあるわけではありません。相手の性格や対象となる案件次第ですが、この2つを組み合わせて使うことだと思います。それと受け取ったメールは、なるべく早く返事を出すことです。それにより受信者は安心します。

(2) 事務処理の効率化

社内会議はできる限りオープンな場所で行うようにするため、ドアのない半閉鎖方式の会議室が導入されています。いわゆる欧米のトイレ方式で、誰がどのような会議をしているのかがすぐにわかります。部屋にはディスプレイが設置され、周囲はホワイトボードになっています。原則、紙の配布はしないため、プレゼンはPCを通して投影したデータで行います。そして、資料は5枚以内が原則です。

これにより紙の使用量が劇的に減り、準備するスタッフの時間削減、コスト削減にも役立っています。また、プレゼン用のPPTの枚数を制限されたことで、文中のムダな修飾語を省略せざるをえません。議論のためのポイントや結論を1ページ目にもってくるとか、資料にメリハリが出てきます。結果として会議中、上司から「あなたはいったい何がいいたいのだ」というクレームも減ってきています。

ビジネスの場では、見栄えのよいプレゼンをするためにカラーによるPPTを多用する傾向があります。そして時間の経過とともに、枚数が増えていきます。注意しなければならないのは、プレゼン上手が必ずしも能力と比例しないと認識しておくことです。加えて配布資料の枚数を定期的に棚卸することが重要です。

2016年、カルビーの基幹システムであるERPパッケージ（経営資源計画）の更新時期が到来したため、システムの見直しをしました。日本人は手先が器用なため、どうしてもエクセルでオプショナルデータを付け加えたがります。システム更新前に調査したところ、全社でなんと5000件のオプションデータがありました。作った当初はそれなりに理由があったのだと思いますが、そのうち、作ることが目的になり、使っていないデータも多くあったようです。

そのため松本さん自らがトップダウンで、「ベッドの長さに合わせて足を切る」と不要データの削減を宣言し、最終的には取引先などとの関係でやむをえないデータを除き、100まで減らすことに成功しました。削減したあとに何か起こったかといえば、何ら不都合は起こっていません。

ちょうどギリシャ神話の「プロクルステスの寝台」の話のように、時にはこういった一見、無理と思われることをやることが必要です。担当者本人に「変更しろ」「削減しろ」といっても身体の一部になってしまっている作業を自ら削るのはむずかしいためです。

(3) 資本と経営の分離

松本さんはCEOを引き継ぐにあたり、創業家出身で前社長の松尾雅彦さんから「松尾家の人間は経営に参画しない」というコミットメントを取りつけました。そして十数名いた取締役の中で最も若かった伊藤秀二さん（現在は、代表取締役社長兼CEO）を社長・COOに抜擢し、残りの取締役は退任するなり、子会社に転籍してもらいました。社内での派閥争いのリスクを事前に取り除いたのです。

松本さんは通常業務には直接関与せず、グループ全体のかじ取りを行い、日常業務は生え抜きの伊藤さんに権限（責任）移譲をしました。これによって経営トップの二頭体制がなくなり、レポートラインが明確になったことで、社内の人間関係の調整に使う時間が少なくなるという効果が生まれました。

カルビーの制度改革、最大の功績者は誰か、それは松本さんではありません。彼を招聘し、株式上場を機会に資本と経営の分離を徹底させる下地を作った松尾雅彦さんであるというのが、わたくしの認識です。

また、意思決定手続きにも特徴があります。たとえば、取締役会においては原則、事前の根回しやレクチャーはないため、事務方による会議の準備時間は大幅に削減されます。稟議の案件は原則として起案者、決裁者、同意者の3名に集約することで責任の所在を明確にし、必要と思われる人には、メールを送るときに「CC」をすることで、「俺は聞いていなかった」というトラブルも回避する工夫がなされています。

(4) 10年前に導入した在宅勤務制度と人事評価

今では一般的に行われている在宅勤務制度は、10年前に導入されました。導入当初は週2日でしたが、現在は5日間すべて在宅勤務することが可能になっています。もちろん、事前に上司の承認が必要ですが、通勤に要する時間がなくなり、仕事の効率が上がりました。

特に、育児休暇中のスタッフには好評です。導入当初は上司の目が届かなくなるのではないか、との危惧もありましたが、成果に重点を置く評価制度が、スタッフ自身の意識改革を促し、業績向上もあってモラルの低下は見られていません。

コロナ禍でオンラインワークが常態化すると、必然的に人事評価に影響を与えることになります。オンラインワークを仕事に組み込んでいるにもかかわらず、評価は時間管理をベースにしているのは矛盾しています。日本企業は長い間、長時間働くことが美徳のようになっていましたが、今後は時間管理方式から目標設定をし、それが達成できたか否かによって評価されるジョブ型方式に変えていかざるをえないでしょう。このことは高度成長期には雇用者、被雇用者双方にとっても好都合だった、年功序列・終身雇用制度の終焉を加速させ、採用も4月の一括採用方式から通年採用方式への変更につながっていくのではと思っています。

そして、男性中心の単一思考組織から、多様な価値観をもつ人材から構成される組織へ転換するため、女性管理職の登用を目標を30％にして推進しています。そのほか外国人材の採用、海外子会社のローカルスタッフを本社で登用、ハンディキャップ人材の確保と、やらなければならないことは多くあります。

最近は女性の中には管理職になりたがらないなど、いろいろな問題が起きています。2011年から2013年にかけて、20％の株式を保有するペプシコの利益代表として社外取締役をしていたウムラン・ベバさんというトルコ人の女性役員がいました。彼女の言葉で印象に残っているのは「取締役会、経営会議などで、女性の比率が3分の1を超えると会議の雰囲気はもちろん、発想が劇的に変わります」とおっしゃっていたことです。

図表6-3　耳タコ：松本10のお願い

1 **Commitment & Accountability**
（約束と結果責任）

2 **Fair**
（Simple,Digital,Contractual）

3 **厳・暖・甘・冷**

4 **現状維持是即**（これすなわち）**脱落**

5 **正しいことを正しく**

6 **No meeting,No memo**

7 **One dollar—OUT**

8 **報告の三原則**
（トラブル・悪いこと・ウソ）

9 **自問自答**
（今あなたが使っている時間とお金は、ビジネスをドライブしていますか）

10 **仕組みを変える**
（簡素化・透明化・分権化）

出典：「松本晃」講演録

カルビーの働き方改革は道半ばで、今後も試行錯誤は続きます。成功のカギは「トップが改革の意思をあきらめず、最後まで貫けるか」にかかっています。その結果、生産性が上がり、リターンが従業員、株主をはじめとする、ステークホルダーに還元されれば成功といえるでしょう。

何のための働き方改革なのか――。それはバブルの崩壊とともに高度成長期のビジネスモデルが陳腐化し、環境の激変に対応できなくなってしまったことです。残念なことですが「失われた30年間」、日本は環境変化に対処する手を打ってきませんでした。

日本はこのまま何も対策を打たなければ、中所得国から急速に高所得国に移行しつつある、韓国、台湾、すでに日本を追い越しているシンガポール、そしてマレーシアをはじめとする「中所得国の罠」を乗り越えようとしている他のアセアン諸国に留学生を派遣して、彼らから教えを乞う時代が来ないともかぎりません。

なお、2020年に1人当たりのGDPが1万ドルを超えたといわれている中国については、経済規模以外に議論しなければならない多くの問題があり、単純な比較はできませんので、あえて加えませんでした。

図表6-3は松本さんが在職中、タウンホールミーティングなどでスタッフと働き方改革について議論するとき、必ず持参して説明していたものです（耳タコと呼んでいました）。印象に残るPPTなので紹介しておきます。ぜひとも皆さんも参考にしてみてください。

EPILOGUE

日本はどこへ向かっていくべきか？

「周回遅れの日本」を世界標準へ

歴史的に見ると世界的な覇権国家は、パックスロマーナ、中華帝国、パックスブリタニカ、パックスアメリカーナと変遷してきました。第二次世界大戦後、アメリカは長い間、圧倒的なスーパーパワーを維持し、政治、経済及び軍事面で、世界に影響力を行使していますが、2007年のリーマンショックを境に、中国の台頭は目覚ましく、経済（GDP）においては、アメリカに次ぐ第2位の規模を誇るようになっています。新たな中華帝国の誕生かと世間を騒がせていますが、政治は共産党による一党独裁体制を維持し、経済は資本主義体制という異質なやり方が、他の国々にどこまで波及させることができるのか不明です。一方、地政学的に日本を見ると、太平洋を挟んで覇権を争っているアメリカと中国のはざまにおかれている、という事実を忘れてはなりません。

わたくしは、日本が今後どの方向に進むべきかのヒントは欧州にあると思っています。具体的には、オランダやスイス、それにスウェーデンをはじめとする北欧諸国です。これらの国は日本と人口、経済規模も違いますが、成熟国家としてベンチマークしたい安定した国々です。

50年以上昔の話になりますが、わたくしは学生時代に友人とヨーロッパを自転車で無銭旅行していました。生活費を稼ぐためストックホルムで3カ月ほど、ホテルのレストランで皿洗いをしたことがあります。そのときに知り合ったスウェーデンの友人は、「わたくしたちは貯金をほとんどもっていない。所得の大部分を所得税として国家に納めてしまう。将来、歳をとり、国から年金を受けるようになったときの貯金のようなものだ」といっていました。

国民が高福祉・高負担の国家政策を信頼しているからこその発言であり、今でもその体制は変わっていません。ちなみに、彼とは今でもやり取りが続いており、ストックホルムという都会から南に200キロくらい下ったラホルムという小さな村に住んで畑仕事をしています。

日本はもはや経済規模でアメリカはもちろん中国と争っても、追い越せないばかりか、意味もありません。彼らと同じ目線で張り合っていこうなどと思わないことです。これからは規模ではなく、質を追求すべきではないでしょうか。すなわち、一人あたりの所得（GDP）の絶対額に目を向けることが肝心です。日本と日本人には短所もありますが、多くの長所が備わっています。

・四方、海に囲まれ、他国と陸続きの国境を接していないこと。
・アメリカ、中国という巨大なマーケット（お客様？）に囲まれていること。
・国民性ともいえる勤勉さ、平均的教育水準の高さ、それと職人的技術、特に応用技術の開発能力を得意とすること。
・キリスト教やイスラム教のように唯一の神をもたない「八百万《やおよろず》の神様」という宗教観（？）で生きていること。
・時として、個よりも全体を優先させる農耕民族がもつ規律とチーム力を有していること。

オランダやスイス、北欧三国にしても、理由なく現在の地位を維持しているのではありません。これらの国にはその特長を活かした巨大なグローバル企業があり、国の豊かさを支えています。オランダの化学・花卉《かき》・種子産業、スイスの化学・薬品・金融・観光産業、スウェーデンの医療・防衛産業、デンマークの先端農業、ノルウェーの医療・農業機械産業といった具合です。そして、もう1つ、あまり表面には出てきませんが、彼らは兵器の輸出国でもあるのです。高福祉を支えているのは、したたかな国家戦略といっても過言ではないでしょう。

日本は第二次世界大戦後、国の防衛をアメリカに「おんぶにだっこ」で、ひたすら経済発展に「ヒト、モノ、カネ」を注ぎ込み、ここまでやってきました。平成の30年間を経て、日本を取り巻く環境は激変しています。アメリカと中国という巨大国家の狭間でどうやって、折り合いをつけながらやっていくかの答えを見いだすのはむずかしいことですが、高度成長期のビジネスモデルでやっていけないのはあきらかです。

わたくしたちは新しい独自のアイデアやビジネスモデルを見つけ出し、そこに資源を集中的に投下していくのです。そのためには4000社近い上場企業の半分以上は非公開にして、企業という組織を、浮気癖のある株主の短期的な結果要求から解放してやるのです。経営者（オーナー）が長期的に腰を据えて経営に取り組める体制づくりが必要です。

これからは日本と日本人がもつ地政学的特異性をフルに活かし、規模の利益を追求するのではなく、「質の利益」即ち、他国の追従を許さない圧倒的技術やサービスをもったオンリーワン産業（企業）を育て、維持していくべきではないでしょうか。日本人と日本企業の悪い癖である身内（国内の同業他社）同士で価格競争をして、お互いの体力をすり減らすのではなく、知恵で稼ぐのです。もちろん、3代続けば財産のほぼすべてを国に納めなければならないという社会主義的な相続税の改正や、重要な産業への戦略的な支援も必要です。

アップルの創始者であるスティーブ・ジョブズがいみじくもいっています。

「発明とは新しいモノを作り出すことだけではない、新しい組み合わせを見つけ出すことでもある」

この言葉をかみしめ、高度成長期の成功体験は脇に置き、人生100年時代にむけて新しい方向性を見つけ出していくべきではないでしょうか。わたくしたちは日本企業と日本人にしかない、多くの特異性と長所をもっているのです。この国の人間と企業はまだまだ捨てたものではありません。

コロナ後の世界を生きる

そろそろ着地しようと思っていたら、2020年初頭、中国・武漢発の新型コロナウイルスがあっという間に世界中に拡散しました。100年前のスペイン風邪以来のパンデミックです。2021年初頭から主要国でワクチン投与がはじまりましたが、アメリカ・イギリスなど一部の先進国に偏っており、日本は例によっておくれを取りました。発展途上国はこれからで、パンデミック収束の兆しは見えていません。

スペイン風邪で第一次世界大戦の終結が早まったという歴史を紐解《ひもと》けばわかりますが、人間の生活環境のあらゆることがコロナ前と後では大きく変わることでしょう。

但し、コロナ後も変わらないことがあります。日本の人口減少、少子高齢化、1人当たりの所得水準の停滞もしくは低下です。問題はこれらの課題が加速度的に前倒しで表に出てきていることです。新型コロナウイルスがわたくしたちに問題解決を迫っているといってよいでしょう。わたくしたちはこのことを前提に、今から何をすべきか真剣に考えておかねばなりません。

新型コロナという地球規模の災害は、日本が抱えている水面下の根本的な問題点をあぶりだしました。本来であれば事態の深刻さを認識し、直ちに平時から有事への組織変換を行い、危機管理に対処する体制を整えなければいけなかったのですが、それができませんでした。

このことは日本の医療体制の現状を見れば一目瞭然です。日本は世界で最も多くのベッド数を有しています。世界的に見れば、この程度の低い感染者数（2021年6月30日現在、約80万人。アメリカ、インドはそれぞれ3000万人を超えている）であるにもかかわらず、医療崩壊の危機に直面しているのです。なぜ、このような考えられないことが起きているのか。平時を前提に作られた体制が今回のような有事にうまく転換できず、まったく機能していないのです。常に有事を前提に体制が構築・運用されているイスラエルとはこうも違うものかと愕然とします。

なぜそうなったのか。いろいろな見方がありますが、わたくしはこの国の政治と行政が制度疲労をおこしており、執行者である彼らが生活習慣病を患い、リーダーシップを発揮できず、致命的な初動体制の遅れがここまで問題を複雑にしてしまったと考えています。

日本はコロナ後に向けて対応を誤ると、本当にダメになります。しかし、これを好機ととらえ、乗り切れば「周回遅れの日本」を取り戻すことができます。

人口の都市への集中を今のままにしておくのか、近藤さんが前述した通り、コロナ禍のここ2年間に起こった環境変化（SDGs、ESG）への対処は待ったなしです。目の前の利益に結びつかないからと斜に構え、何もしないでいると、失われた30年を40年に延ばすことになります。

もはや経済規模でアメリカ・中国に追いつくことはないにしても、しばらくは世界第3位を維持できること。地政学的に中国とアメリカという巨大な国に挟まれた好位置にあること。人口も1億2000万人を超え、米中ともに日本人の規律と生真面目さと日本企業の工業・技術力に一目置き、その必要性を認めています。そして世界トップクラスの長寿国家であり、中でもシニア世代が元気です。

この本のタイトルにあるように、日本は「人生100年時代」に入っています。人口減少、少子高齢化を嘆いてばかりいないで、この知識と経験豊富なシニアたちを後期高齢者と呼んで社会の脇に置き、遊ばせておくことは国家の損失です。彼ら彼女たちのノウハウが錆びつかないうちに現役に復帰させ、もっと楽しく人生を過ごしていただきましょう。

そのためには現在、企業経営の中枢を担っている読者の皆さんにお願いがあります。「定年まで失敗のない企業人生を送ろう」など思っていたら大きな勘違いです。「立っている者は親でも使え」のたとえ通り、ジー様とバー様を遊ばせることなく、働き場所を用意し、仕事をさせる責任があるのです。そのために、皆さんはこの本の主要テーマである「5つのリテラシー」を磨きつつ、組織をリードしていただかねばなりません。「自分たちが会社を担うのは次の次だ」などといって、順番を待っている暇はないのです。コロナ禍でいろいろなことを変えていかざるをえない今が、最後のチャンスです。皆さんの大いなる頑張りを期待します。

筆をおくにあたって

ニューヨークと東京に見る「ビジネス基礎体力」の差

カルビーで石田さんと一緒に若手職員の研修をはじめました。東京本社だけでなく、各地区本部の業務担当者を中心にしたスタッフにも、オンラインで参加してもらいました。このときのテーマがこの本の土台になっています。カルビーがこれから国際的に飛躍するためには何が必要か、というのが石田さんと共有したテーマだったのです。

若い人たちに話をすると同時に、話を聞くという機会を国際協力銀行でも続けました。こういったコミュニケーションの大切さは、わたくしの住友銀行国際部門の大先輩たちから、身をもって教えていただいたものです。後に頭取になられた小松康さん、専務になられた小倉義信さん、そしてアサヒビールへ行かれた樋口康太郎さんなど。20歳以上も年下で駆け出し銀行員であったわたくしと本当によく接していただきました。

この住友の良き伝統をニューヨーク時代に、守ることをこころがけました。また、社外の若手の人たちとの機会を作るため、積極的に勉強会に参加し、自分でも勉強会を開催していきました。今、コロナ禍の下ではオンラインの勉強会や飲み会を通じて、若い人たちとの対話を欠かさないようにしています。

時代は大きく動いています。マスコミもこの変化を追っていますが、本質に迫ることは容易ではありません。日本の企業が世界の大きな潮流の変化に、どうやら遅れを取っているということを肌感覚としてもっているビジネスパーソンは数多くいることでしょう。

しかし、毎日オフィスでは仕事に追われて、立ち止まって「何が遅れているのか。どうすべきか」ということを考える余裕がないという人が大半ではないでしょうか。

わたくしも会社勤めを50年あまりしてきましたが、立ち止まってじっくり考えるゆとりはあまりなかったというのが実感です。考えることができたのは、職場や部署が変わる間の時期だったような気もします。最初の機会は、入社4年目に住友銀行から富士山の麓にできた貿易研修センターへ1年間派遣されたときでした。次は、1982年に国際金融情報センター（JCIF）に出向して、設立メンバーの1人として参画したときです。その後、一番時間があったのは住友銀行のゴールドマン・サックスへの資本参加交渉のあとの2年間（1986〜1988年）。ウォール街の片隅で「これから住友銀行は何をすべきか」をじっくり考えました。

そのとき（40歳代のはじめ）に考えたことは、今でも大筋で変わっていません。何を考えたかですが、簡単にいえばニューヨーク・ウォール街と東京・丸の内との差についてです。振り返ってみると、1980年代の半ばは輸出型製造大企業とそのメインバンク・証券会社が率いるジャパン・インク（日本株式会社）の黄金時代でした。

しかし、その中にあっても、どうやら彼らの基礎体力は根本的に違うのではないか、という肌感覚がアメリカにいたわたくしにはありました。日本のバンカーとウォール街のバンカーとの差といってもよいかもしれません。ジャパン・インクの弱点はその兵站《へいたん》部門にあり、銀行・証券会社と企業の財務部門をはじめとする間接部門にあると考えていたため、国内畑の人たちからは「（アメリカでは）出羽守《でわのかみ》」と揶揄されていましたが、アメリカではなく日本がおかしいと思っていました。

基礎体力という点でいうと、そもそもウォール街に働く人たちの肉体的体力の強さに圧倒され続けました。もちろん、個人差はあるのですが、日本の猛烈社員どころではなく、ニューヨーク――ロンドンやニューヨーク――カルフォルニア間を夜行便を使って行き来して、到着した朝から時差をモノともせず平気で働いていていました。

そして、現場を後輩たちに譲ったCEOたちも元気です。AIGのグリンバーグ会長は1968年から不本意な引退をされた2005年まで37年間にわたり80歳まで、現役のCEOでした。氏は今も現役です。御年96歳、氏の盟友ヘンリー・キッシンジャーは2歳年上。おふたりとも、米中関係に積極的に今も関与されています。ウォール街は若いバンカーたちが活躍する市場というイメージが強いのですが、オールドバンカーたちも、現場を離れた後もスタートアップ企業を支援したり、ＮＰＯ団体を支援したりして、アメリカの若さを支えています。これも日本とアメリカとの基礎体力の差になっていると思います。

企業に入って間もない皆さんには、今後、令和の時代に企業という組織といかにつきあうべきか、平成時代にビジネスパーソンの人生をはじめた組織の中核におられる方々には現在までの企業人生活の再確認のために読んでもらいたいと思い、筆をとりました。この本がこれからの人生設計に多少なりともお役に立てれば望外の喜びです。何しろ人生１００年時代ですから。

近藤　章

社会人になってからの生き方に影響を与えたこと

よく人から、「どうして50歳を過ぎて、監査法人から事業会社に転職したのか」、と聞かれます。もともと大学を卒業しても、特定の会社に定年まで勤めるサラリーマンになる気はありませんでした。

学生時代に1年間休学し、横浜から船でナホトカに渡り、シベリア鉄道でヘルシンキまで行って、自転車でヨーロッパを巡り、帰りはマルセイユからカンボジ号というフランスの船で横浜に戻ってきました。

船旅というとロマンチックに聞こえますが、8人が同居する三等船室です。このエコノミークラスの船客には、いろいろな国々を巡り、ようやくマルセイユにたどり着いたという、お金のない一風変わった日本の若者が多く乗っていました。今、考えると得がたい貴重な船旅でした。このヨーロッパでの経験が、世界にはいろいろな種類の人間がいて、多様な生活をしているのを知りました。このことが社会人になってからの生き方に影響を与えているのかもしれません。

この本の共著者である近藤さんとわたくしの出会いは1980年に遡ります。アーサー・ヤング（AY）のシンガポール事務所駐在を終え、東京に戻ってきたときのことです。シンガポール時代のクライアントでもあり、個人的にも親しくさせていただいているダイダンの菅谷節元会長の紹介でお会いしたのがはじまりです。

近藤さんは、菅谷さんが大学卒業後、最初に勤務した住友銀行の同期生でした。その後、何回かお会いしたのですが、お互い海外転勤などで、おつきあいは一度途切れていました。2回目の出会いは、1995年、朝日監査法人のロンドン駐在を終えて、日本マクドナルドのCFOをしていた1999年です。近藤さんはニューヨーク駐在から戻り、三井住友銀行と大和証券が合弁で設立したベンチャーキャピタルである大和SMBCキャピタルの副社長をしていました。

当時、日本マクドナルドは上場準備をしていた関係で、主幹事の大和証券にはよく顔を出していました。2人とも1つの会社に定着して仕事を続ける性格でもなく、海外勤務も長かったので何となく気が合い、ダイダンの菅谷さんと3人でよくお酒を飲みに行くようになりました。当時、3人の年齢は52歳前後で、今考えると仕事が最もおもしろかった年頃でした。

わたくしの50年間の社会人生活は大きく2つに分かれます。まず、会計士として会計事務所（監査法人）に25年間在籍した後、1995年日本マクドナルドに転職し、事業会社での仕事が25年間です。ただ、所属する組織、居場所は変わっても、監査を含む企業会計の世界に身を置いていたことに変わりはありません。職域という観点で見ると、50年間、変わっていないのです。

1995年、6年間のロンドン駐在を終えたのを機会に、朝日監査法人から日本マクドナルドに移りましたが、もともとマクドナルドコーポレーションはAYシカゴ事務所のクライアントで、監査業務を通して関係がありました。東京だけでなく、シカゴの本社にもAYから移った知り合いが何人かいて、まったく知らない世界ではなかったのです。

次に52歳という年齢も決め手の1つでした。当時は企業人として60歳が1つの区切りと考えていたため、この機会を逃すと新しい世界に飛び込むのは、気力と体力ともにむずかしいだろうという判断が働いたのです。

また、監査法人時代から事業会社で働いてみたいと思っていたことも大きな要因でした。仕事を川にたとえれば、向こう岸にわたって事業会社に身を置いてみたかったのです。

最後の一押しになったのが、会計監査を通して、日本マクドナルドの創業者である藤田田《でん》さんと、財経本部長であった豊田睦平さんとのおつきあいが続いていたことでした。こういった条件がたまたま重なって、マクドナルドの話が目の前に現れたといってよいでしょう。

2004年60歳のときに、9年間勤めた日本マクドナルドを退社し、セガサミーホールディングスのCFO、現在のカルビーの監査役と3つの事業会社を経験しています。転職にあたってヘッドハンティングなど、人材紹介会社のお世話にはなっていません。すべて友人・知人からの紹介によるものです。また、職域も会計士の時代と大きくは変わっていません。財経本部長(CFO)、もしくは監査役という経理・財務、監査という職域に身を置いていたことになります。事業会社に在職中、CEOにならないかというお話もありましたが、お断りしています。無意識に自分自身を会計士という枠組みの中に抑え込み、そこから出なかったというのが自分自身の限界だったのかもしれません。

石田　正

性格もキャリアも違う2人がこういった本を書いてみようかと考えたきっかけは、カルビーで社外監査役として一緒に仕事をしたことからはじまりました。そして近藤さんとわたくしは、編著者の池口祥司さんに後ろから押されながら、当面の目的地である峠までなんとか登ってきました。池口さんには、大変お世話になり、本当にありがとうございました。感謝の言葉もありません。

また、風変わりな企画を意義あるものとご判断いただき、出版にご尽力いただいた生産性出版の村上直子さんなくして、本書は日の目をみることはありませんでした。そして、筆をおくにあたり、この本を手にとり、ここまで読み進めてくださった読者諸氏に心からお礼を申し上げます。

近藤　章
石田　正

［著 者］

近藤 章 Akira Kondo

1945年生まれ。東京大学法学部卒。住友銀行（現SMBC）入社後、ニューヨーク駐在通算17年（1976年～79年、1985年～98年）、米州・欧州駐在常務取締役。ゴールドマン・サックスへの出資交渉を担当、スワップハウスSMBC設立時CEO。大和証券SMBC副社長、ソニー執行役員専務、AIGファーイースト副会長、富士火災CEO、カルビー監査役、国際協力銀行社外取締役・総裁などを経て現在、株式会社FOOD&LIFE COMPANIES社外取締役、スタートアップベンチャー企業Right Now、Glocalist取締役、ARGO、BONAC、IA Partners Executive Advisor。

CHAPTER1、CHAPTER2、CHAPTER4、CHAPTER6（212～224P）

石田 正 Tadashi Ishida

1944年生まれ。明治大学商学部卒。公認会計士、カルビー監査役、日本CFO協会主任研究委員、1972年から25年間、アーサー・ヤング東京事務所（現アーンスト・アンド・ヤング）、朝日監査法人（現あずさ監査法人）で、日本および米国基準の会計監査、財務アドバイザリー業務に従事、代表社員。この間シンガポール（1977年～1980年）、ロンドン（1989年～1995年）駐在、欧州ジャパン・ビジネス統轄パートナー。1995年、ロンドン駐在から帰任後、事業会社に転籍。日本マクドナルド代表取締役副社長（CFO）、セガサミーホールディングス専務取締役（CFO）、カルビー常勤監査役。著書に『包括利益経営』共著（日経BP社）、『CEO・CFOのためのIFRS財務諸表の読み方』共著（中央経済社）、『「経理・財務」実務マニュアル』編著（税務経理協会）がある。

CHAPTER1（コラム）、CHAPTER2（コラム）、CHAPTER3、CHAPTER5、CHAPTER6（224～233P）

［編 著］

池口 祥司 Shoji Ikeguchi

1984年、山口県生まれ。早稲田大学法学部卒。2008年、株式会社PHP研究所入所。第一普及本部東京普及一部（書店営業）、企画部、特販普及部を経て、ビジネス出版部にて書籍の編集業務に従事。現在は、2018年に参画した天狼院書店の「取材ライティング・ゼミ」講師の他、フリーランスの編集・ライターとして書籍、雑誌、企業会報誌、ウェブメディアの編集・執筆に携わる。編集を担当した書籍に『経営者になるためのノート』（柳井正著）『アマゾンが描く2022年の世界』（田中道昭著、いずれもPHP研究所）などがある。

人生100年時代を生き抜く5リテラシー

2021年11月20日　初版第1刷©

［著　者］近藤 章　石田 正　［編　著］池口 祥司
［発行者］髙松 克弘
［編集担当］村上 直子
［発行所］生産性出版
〒102-8643　東京都千代田区平河町2-13-12
日本生産性本部
［電　話］03(3511)4034
https://www.jpc-net.jp/

［装丁&本文デザイン］hitoe

［印刷・製本］シナノパブリッシングプレス

乱丁・落丁は生産性出版までお送りください。お取り替えします。
ISBN978-4-8201-2129-9